非暴力沟通

开启爱和理解的密码

杨 洋 黎水秀◎著

中国铁道出版社有限公司
CHINA RAILWAY PUBLISHING HOUSE CO., LTD.

图书在版编目（CIP）数据

非暴力沟通：开启爱和理解的密码 / 杨洋，黎水秀著. —北京：中国铁道出版社有限公司, 2022.1
ISBN 978-7-113-28451-0

Ⅰ. ①非… Ⅱ. ①杨… ②黎… Ⅲ. ①家庭关系-通俗读物 Ⅳ. ①C913.11-49

中国版本图书馆CIP数据核字(2021)第207180号

书　　名：**非暴力沟通：开启爱和理解的密码**
FEIBAOLI GOUTONG: KAIQI AI HE LIJIE DE MIMA
作　　者：杨　洋　黎水秀

责任编辑：巨　凤　陈晓钟　**编辑部电话**：(010) 83545974　**邮箱**：herozyda@foxmail.com
封面设计：仙　境
责任校对：安海燕
责任印制：赵星辰

出版发行：中国铁道出版社有限公司（100054, 北京市西城区右安门西街 8 号）
印　　刷：三河市兴达印务有限公司
版　　次：2022 年 1 月第 1 版　2022 年 1 月第 1 次印刷
开　　本：700 mm×1 000 mm　1/16　**印张**：14　**字数**：172 千
书　　号：ISBN 978-7-113-28451-0
定　　价：59. 80 元

前　言

婚姻、家庭矛盾不断，有可能是出现了认知盲区

一、越来越多的家庭选择分开

2020年9月，国家统计局发布最新一年的统计年鉴显示，中国人的婚姻状况有了新动向。2019年结婚率为6.6‰，比上年降低0.7个千分点，创十年来新低。这也是2013年以来第6年连续下降，相比2013年，已缩水三分之一。而从2005年开始，中国的离婚率从未降过，到2019年，离婚率已上升到3.36‰，基本为同年结婚率数值的一半，远高于十年前。

结婚率下降，离婚率上升

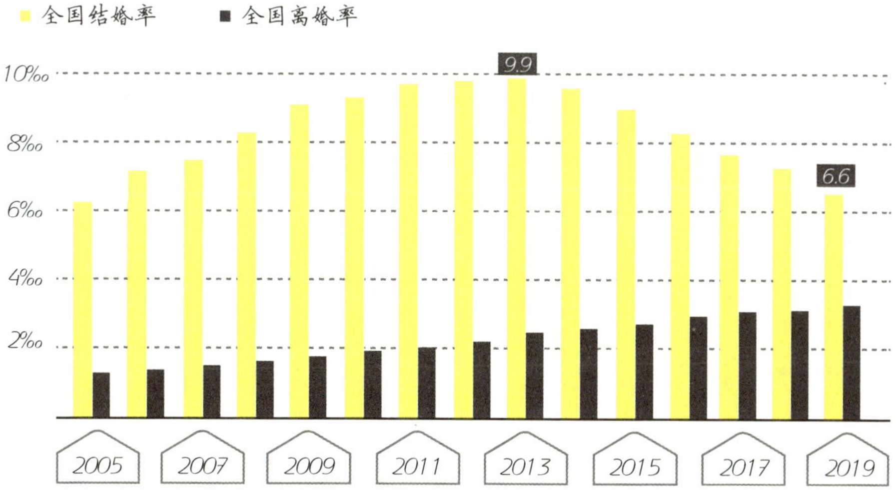

数据来源：中国统计年鉴；中国人口统计年鉴（谷雨数据）

2021年1月1日，随着《中华人民共和国民法典》的生效、《婚姻法》的废除，“离婚冷静期”进入大众视野，并话题不断。甚至有网友开玩笑说，为了不在离婚时被要求“冷静”，要离婚的得赶紧。

二、亲密关系的维系，没你想得那么简单

很多人都认为现在离婚率这么高，多半是因为夫妻间“性格不合”造成的。虽然性格差异在一定程度上确实会导致夫妻间产生矛盾，但很多人之所以会离婚，根本原因在于平时夫妻间、家庭成员间的相处模式陷入了“亲密关系认知”的盲区。

1.科学认知的盲区——“懂”是爱的前提

大家有没有过这种经历：夫妻一旦发生争吵，妻子总是会埋怨丈夫不懂自己，而丈夫却一脸懵，完全不知道自己哪里错了；家长和孩子出现争执，家长总抱怨孩子不听话，而孩子总觉得父母不了解自己。

上面这些情况大多是因为夫妻间、亲子间的认知差异而造成的。

（1）男女差异

我们常说“女人来自金星，男人来自火星”，两个星球的距离足以展现出男女之间的巨大差异。

男女间的生理差异本就很多，更别说性格和认知之间的差异了。要想家庭和睦，夫妻间应该尽量保持思想、认知方面的统一。如果不了解对方在想什么，又因为什么发脾气、不开心，那么矛盾自然容易爆发。

（2）性格差异

古希腊名医、西方医学始祖希波克拉底在其所著的《希波克拉底全集》（简

称《希氏全集》）的《论人的本性（自然性）》一文中谈到四体液，他认为每个人身体内由血液、黑胆汁、黄胆汁、黏液四种体液组合的比例不同，从而形成了不同的体质。希氏提出的四体液说后来被古罗马名医盖伦发展为著名的气质学说：

血液占优势的为多血质，表现为性情开朗；

黑胆汁占优势的为抑郁质，表现为性情忧郁；

黄胆汁占优势的为胆汁质，表现为性情易怒；

黏液占优势的为黏液质，表现为性情冷静。

性格色彩学说其实也是从四体液说演变过来的。性格色彩学说认为：

表现为性情开朗的多血质人大多为红色性格；

表现为性情忧郁的抑郁质人大多为蓝色性格；

表现为性情易怒的胆汁质人大多为黄色性格；

表现为性情冷静的黏液质人大多为绿色性格。

那么不同性格的人各自都有哪些优势和不足呢？

红色性格特征

优势	不足
善于交际	情绪波动
积极乐观	缺少秩序
信任他人	难以兑现
创造快乐	半途而废
感情丰富	没有计划
表达力强	言过其实

黄色性格特征

优势	不足
目标导向	自负骄傲
领导力强	缺乏耐心
追求效率	感受第二
坚持到底	倍感压力
独立意识	忽略人际
敢于冒险	行为冲动

蓝色性格特征

优势	不足
高度敏感 善于分析 品质至上 原则性强 思想深沉 稳健谦和	行动缓慢 抓小失大 要求苛刻 灵活性差 冷漠严肃 过于小心

绿色性格特征

优势	不足
人际导向 宽容处事 善于外交 适应性强 抗压力强 乐天知命	牺牲目标 放弃原则 不够快速 没有主见 旁观免参 避难求易

很多夫妻以及亲子之间的矛盾爆发大多都与个人性格及对他人的理解尊重程度有关。红色、黄色性格的人外放，绿色和蓝色性格的人内敛，如果互相组成家庭前，一个人爱热闹，一个人喜欢安静，但在组成家庭后，彼此还是按照各自性格和喜好生活，不去理解和尊重对方，那么自然过不好家庭生活。

所以大家以为的“性格不合”，很大程度上可能是“性格相互不调和”。

杨洋博士有话说

选择没有好坏或对错之分，请不要多做思考，选择你“最自然”的反应，而不是你认为“最好”或“最合适”的。

2.理解人性底层的需求

“马斯洛需求层次理论”将人类的需求分为五级，自下而上形成一个金字塔模型，依次为：生理需要、安全需要、归属和爱的需要、尊重的需要和自我实现的需要。

在家庭生活中、亲密关系里也能够体现出这个需求的规律。人最底层、最深层次的需要其实是生理需要，只有当最底层的生理需求被满足后才会考虑其他需求有没有被满足，以及如何满足。

都说“贫贱夫妻百事哀”，如果连最底层的生理需求都无法满足，那么自然也不会想要和你聊什么风花雪月了。

三、破裂的家庭关系要如何修复

1.爱的语言

很多夫妻、亲子之间关系不好大多与不懂对方的心理、性格，并且无法与对方进行有效沟通有关，其实只要掌握一些“爱的语言”，很多问题都能够迎刃而解。

2.爱的规则

都说无规矩不成方圆，家庭亲密关系也是这样，夫妻间、亲子间要懂得设立界限和规则，不仅要共同遵守，还要随着时间和环境的变化而不断地协商调整。

3.爱的疗愈

通过附录中的“亲密关系、科学婚姻关系修正表”来正确认识家庭成员之间的认知差异以及矛盾点，正确认识和积极面对各自的差异，通过友好协商跨越过去的“伤害和误会”，一起携手为未来的幸福做约定。

关于具体的修复方法，后续章节会展开介绍，这里就不再赘述。

很多人都有这样的感受，成年后的几乎每一天都会倍感无力，辛苦工作了一天，原本期待回到温暖的家中，感受幸福港湾带给自己的归属感和爱，却在一次又一次的争吵中梦碎。

人人都有掌握自己幸福的权利，很多时候亲密关系之间发生矛盾的原因也许并不在对方，而在自己。

只有对自己及家人有了科学层面的认知，扫除认知障碍和盲区，才能真正懂得如何经营家庭。

目　录

夫妻篇

认识爱的规则，修炼爱的能力

第 1 章　婚姻必修课，家庭冲突如何化解

第 2 章　爱情保鲜剂，你的每一刻都令我心动

亲子篇

不骂不吼，带出高情商孩子

第 6 章 培养高情商孩子的秘密，偶尔也把孩子当大人看

彩蛋篇

夫妻篇

认识爱的规则，修炼爱的能力

第1章

婚姻必修课，家庭冲突如何化解

Start ▸ 01

对待家人
要比对待客户更热情

场景 ▸▸▸ 01

周末，文文和先生小青逛超市，因为一瓶洗发水，两人竟闹得不欢而散。

文文：你就用这款洗发水吧！

小青：不用这款！

文文：这款怎么了？！

小青：我就不愿用这个，早和你说过，我自己选。

文文：选什么选呀，用什么不一样！一个洗发水哪那么多事儿，就它！

小青：我这么大人了，连用什么洗发水也得你说了算？！

最近接到一个关于妻子文文对自己先生极度不满的个案。文文对先生动不动就冷笑，笑容中还带着讥讽，她希望老公对自己言听计从。夫妻俩只要稍对对方不满意，便会唇枪舌剑。久而久之，先生变得越来越沉默，文文则更忍不住时常会歇斯底里地发火。甚至有次在出租车上，文文在情绪极度崩溃的情况下还动手打了先生，先生实在气不过，亲手把当时怀孕8个月的她推下了出租车，从此夫妻二人的矛盾越发不可收拾，逐渐变得不可调和。

问及妻子为什么对自己的先生如此不满？文文答："他对我总是一副面无表情的样子，欠揍!"

问及先生为什么对自己的妻子如此冷漠？先生答："她那张臭脸，要么像老虎，要么像豹子，感觉我像她孩子，想骂就骂，想打就打！"

亲人更需要热情相待

诚然，夫妻之间的相处就像是在跳双人舞，若是双方都笑脸相迎，那么彼此都会乐呵呵的；若是一方臭脸相对，想必另一方也不会有好脸色。

我本以为这位妻子对先生要求这样高，想必对朋友同事也是很严苛的。但让我意外的是，有次她请我们吃午餐，全程热情相待，点餐的时候会考虑到每个人的喜好，倒茶倒水的时候不会粗心略过任何一个人，细致体贴。那天因为有一位同事工作忙来不了，需要我们打包饭菜，她一再确认那个同事的口味，饭没吃几口就准备去给那个同事打包。

看到她如此贴心，甚至细致入微，我很是诧异。细细想下，其实妻子文文陷入了一个误区：在她心里，或许认为同事和朋友属于外人，所以对待他们要很周到，不希望别人在自己这里感觉不舒服；认为先生属于伴侣，是自己人，所以对待先生可以随意点，伴侣就必须接纳自己的所有。其实在大部分情况下恰恰相反，对于自己至亲的人更需要热情相待。

每对夫妻间都应有“情感账户”

事实上，在我们看不到的地方，夫妻之间应该有一个“情感账户”，这个“情感账户”需要夫妻双方每天都去用心经营，例如给对方肯定和鼓励，关心对方，时不时再给对方送点小礼物，或主动为对方做一些对方希望你做的事情，所有这些都是在往“情感账户”里存钱。若是常常批评、指责、抱怨对方，对对方的行为不满还不愿意指出来，甚至暗自生气，就相当于从这个“情感账户”里取钱，要是某一天夫妻双方“情感账户”里的钱少了或没有了，双方就会面临严重的婚姻危机，而到了那个时候，夫妻之间的矛盾往往已经变得很难或者无法调和了。

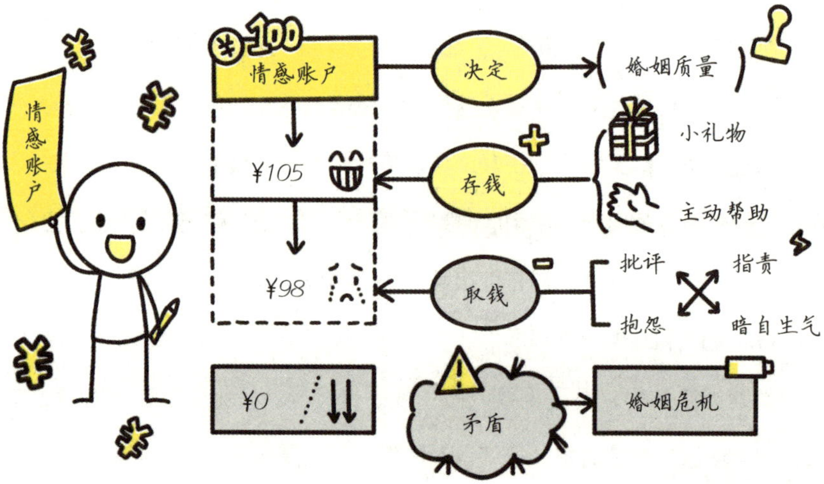

那么，如何正确对待爱人、给彼此账户里多“存”点情感呢？我们这里为大家分享5个技巧。

1．因为有爱，所以对待家人的每句话都要好好说

平常不经意的一句“我很忙，你别再打电话了”，或态度不好了点，或语气冷了点，这样的话在我们说出去的时候也许都没有意识到，但是听者有意，电话那头的亲人，很可能因为你这样一个不经意的回复，由原本的兴高采烈瞬间转为暗自泪目。每次看到那种落寞的难过，都会深深地触动我。可能很多时候我们本以为不就是一句话嘛，却没想到会让家人黯然神伤。

面对陌生人的我们，说话会小心翼翼，会考虑对方的感受。但对于自己的亲人，因为太熟悉，熟悉到话从口出时完全不经思索，因为知道对方爱着我们，觉得一定会容忍我们的一切，凭借着这份爱，我们往往肆无忌惮，却不知道一句无心的回答和不耐烦的牢骚都会伤害到亲人，甚至让自己最爱的人默默流泪。因此，越是自己亲近的人，越要让对方感受到自己的热情，越要每句话都好好说。

就像文章开头，文文本是考虑那款洗发水对先生油性发质有益，但表现出来却是强势地要求对方接受自己的选择；而先生之所以不喜欢那款洗发水，是因为它的味道太香，对此却又不告诉文文，只简单粗暴地拒绝。整个过程两个人都没有好好说话，这也是两人最终因为这么件小事不欢而散的主要原因。

2. 及时疏导自己的负面情绪

父母要面对工作以及养育孩子等繁多的事情，无形中会有很大压力，若彼此

不同频，那么摩擦就更多了。正如文中的妻子，她心里对自己的先生其实有很多的不认可，却没及时表达，那么时间久了，这些“不认可”便积压成了情绪，这些被积压的情绪就如同不定时的炸弹一样，不知道何时便会突然爆炸。

为了解决妻子文文的问题，我借助了一些专业的心理学技巧重点帮她释放情绪。著名心理学家弗洛伊德认为，未表达的情绪永远不会消亡，它们只是被活埋，并将在未来以更加丑陋的方式涌现。

所以说，我们平时也可以在恰当的时候使用恰当的方法释放自己的负面情绪，痛快地哭一场、及时的表达、有氧运动等都是不错的释放情绪的方法。除了方法之外，最重要的是要及时释放，千万不要等着情绪积压。当我们有情绪的时候，应该先处理好情绪，让自己心情好了，心态放平了，再去处理眼前的具体事情，而这个时候，往往就不容易伤害到我们的亲人了。

3.多创造“关系修复时间”

感情就如同汽车一样，汽车隔一段时间便需要保养，夫妻关系也是一样的，需要定期修复。夫妻双方可以约定好每个月的“关系修复时间”，一起吃饭或谈心，同时还要约定好具体内容，类似于一方说话的时候，另外一方要用心聆听等。

上述妻子文文和她的先生通过这个方法，从刚开始的双方不满，到后来每周都一起创造“关系修复时间”，感情越来越好，彼此的心结也慢慢被解开了。若关系已经变得非常恶劣，夫妻双方很难调和，也可以请“第三方”给予一定支持，但毕竟“清官难断家务事”，还是要时时记住家里不是争对错的地方，而是讲情感的地方。

4.一致性地表达自己的需求

在一个家庭里，有很多冲突是无可避免的。在面对冲突时，夫妻双方的态度是非常重要的，彼此如何更好地一致性表达和面对冲突，它是影响家庭氛围的关键。

最初“一致性表达”这个概念是由全球著名的家庭治疗师萨提亚女士提出来的，她强调一致性就是关爱自己的同时也尊重他人，同时也有在前者基础上对当下事件的融合。

一致性表达包括四个步骤：①先说事实，就像照相机一样，如实表达，我看到了什么；②表达感受；③说出感受背后的需要；④说出自己的期待或希望。

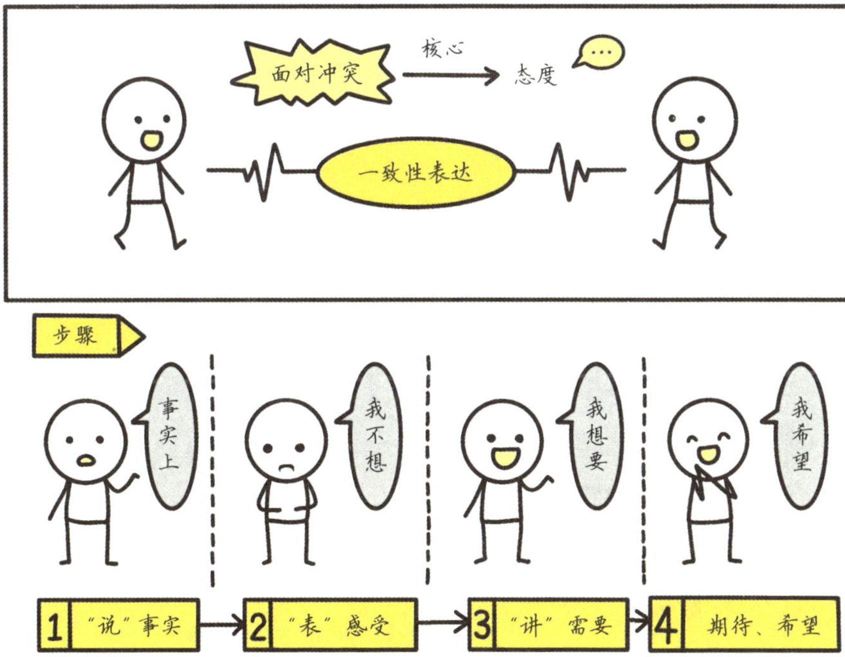

例如妻子看到先生很晚才回家，并且回来后还不停地看手机，对此妻子很生气。这时妻子正确的做法应该是先暂停三秒，不要口不择言，然后通过一致性表达的语言模式来与先生进行有效沟通："我看到你10点才到家，并且到家后一直坐在沙发上看手机，我心里很不舒服。我今天做了你爱吃的大闸蟹，本来希望你能早点回来和我们一起吃晚饭的。以后要是没什么事，可以下班后早点回来吗？多陪陪孩子，我们也可以多点时间说说话；如果有事，也要提前告诉我一下。"相信通过这样对事不对人的方式表达，她的先生一定更加愿意配合。

5.感恩的话永远挂嘴边

夫妻双方如果都能看到对方的付出，并及时感恩，那么一定会减少很多摩擦。例如当妻子看到先生及时做家务时，就可以对先生说："老公，看到你累一天了还一回家就和我一起做家务，我真的很感动，谢谢你，有你真好！"当然先生看到妻子的付出时，也要经常表达感恩之情，长此以往，彼此的关系一定会更融洽。

杨洋博士有话说

- ★ 对爱的人更要好好说话
- ★ 及时疏导负面情绪
- ★ 多创造"关系修复时间"
- ★ 一致性地表达自己的需求
- ★ 及时表达感恩

Start ▸ 02

不要做“完美的妻子/丈夫”，而要做“相互弥补不足的夫妻”

场景 ▸▸▸ 02

某日，和发小小卓，还有他的妻子安琪进行了一个简单的聚餐。聊天中，我们忽然聊到他们是谁追的谁，于是便有了下面他们小两口之间的对话：

小 卓

唉，别提当年了，现在想起来眼泪哗哗的，太惨了！

安 琪

你就别眼泪哗哗的了，当初可是你追的我！

小 卓

你整天在学校对我进行围追堵截，我又意志不够坚定，没经受住考验呀！

安 琪

咱俩到底谁追的谁？想清楚了再说！

小 卓

想当初看到你说话温温柔柔的，就心动了，谁知道那些全是你伪装的！

安 琪

笨蛋，被我美色迷惑上当受骗了吧！

这是千千万万对恋人、夫妻在谈论起当初谁追谁时会出现的相似的场景。案例中的二人聊起这一话题，一个假装悔不当初，一个假装怒气冲冲。但是，小卓至今还记得当初第一次见安琪时对方的衣着样貌，被安琪追求时那种甜蜜，即便在一起以后的安琪与当初已经不一样，但他却能够随着对方的变化转变并包容对方。我想，这便是每一段简单的爱情真正触动我们的地方。

人们通常把爱情的走向或归宿分为三种：一是从一开始很爱到逐渐地不爱；二是一开始平淡到逐渐地越来越爱，然后又趋于冷淡，最后归于平淡或者分手离婚；三是开始一般，然后逐渐地越来越爱，随着岁月的流逝，两人之间的爱情就像美酒一般，越久越香。

或许是见多了周围的朋友们分分合合，问起小卓和安琪他们为什么总这么甜蜜，安琪则坦然地回答："反正我多么丑的样子他都见过，他狼狈的时候我也嘲笑过，凑合过呗！"虽然安琪说是"凑合"，但我明白这并非"凑合"，而是彼此之间坦然、拥有绝对的信任感和安全感的表现。男人总会责怪女人时不时地问自己"你爱不爱我？""你有多爱我？"这样的问题，并认为这是对方无聊以及不信任自己的表现。殊不知，女人之所以会这样其实是因为她们比男人更早意识到了彼此之间情感的微妙变化。

☑ 当爱情转变为婚姻，是否就无后顾之忧

电影《重庆森林》里有一句很经典的台词："不知道从什么时候开始，在什么东西上面都有个日期，秋刀鱼会过期，肉罐头会过期，连保鲜纸都会过期，我开始怀疑，在这个世界上，还有什么东西是不会过期的？"

电影中，警察阿武与女友分手，从分手那天起，他每天买一罐5月1日到期的凤梨罐头。他告诉自己，当买满30罐的时候，她如果还不回来，这段感情就会过期。对于阿武而言，30天后，他与前女友的爱情就“失效”了。

中国有“一年之守，三年之痛，五年之离，七年之痒，十年之约”的说法。关于“你会爱我多久？”这个老掉牙的问题，其实早在多年前科学家们就已经找到了具有科学依据的答案。在生理学上，有一种和爱情相关的物质叫苯基乙胺，简称PEA。两人相遇，只要身体中产生足够多的PEA，那么爱情就产生了，反之亦然。一般来说，PEA的浓度高峰可以持续6个月到4年左右的时间，平均不到30个月（2.5年），这和社会学调查得出的数据很接近。

爱情是两个毫无交集的人从相识、相知再到相恋的过程。而这一过程的开端都基于彼此间的吸引力。多巴胺、去甲肾上腺素、血清素等物质都可以引发诸如心跳加快、面颊泛红、瞳孔扩张、手心出汗等生理反应，对于我们的大脑来说，这正是爱情来临的征兆。大部分人都容易被与自己性格不同的人所吸引，正是你们之间的差异性使得你对他产生了兴趣，从而有了了解的欲望，最后开始了一段

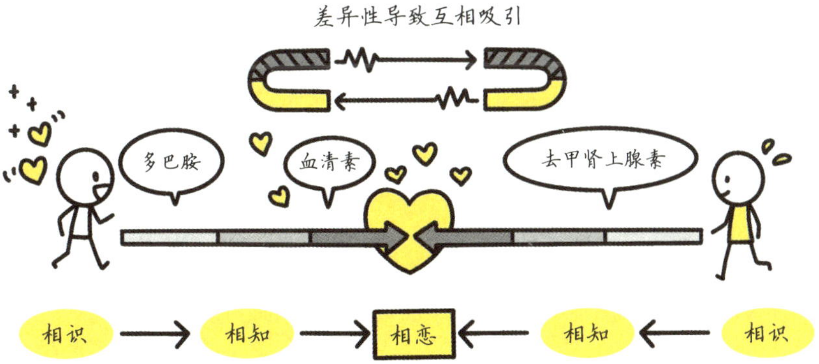

恋情。

从爱情进入婚姻，很多人会觉得她/他与恋爱的时候不一样了，并在随后几年的婚姻生活中产生诸多矛盾。其实，这是因为很多人习惯了恋爱时期对方的完美无缺，而接受不了回归生活后对方那些大大小小的问题。为了解决这些问题，很多人开始默不作声地努力塑造一个完美的妻子或丈夫形象。谁知道这一形象非但没能解决问题，反而如同重重的枷锁般让你喘不过气来。慢慢地，原本充满爱意的婚姻变成了彼此怨怼的牢笼。

☑ 勿做“完美的妻子/丈夫”，重新构建“幸福依恋”

“人设”是现今一个热词，它是什么意思呢？

该词作为网络流行语，完整的说法是“人物设定”。它原本用于动漫、小说等二次元作品中虚拟角色的外貌特征、性格特点的塑造，现如今多指明星面向公众塑造出的积极向上的正面、讨喜形象。人设之于明星相当于包装之于商品，这样更便于“吸粉”。而婚姻生活中，很多人在不知不觉中也开始给自己“立人设”。

有些人是主动的，比如：女孩子为了获得公公婆婆的认可，想让自己变成一位上得厅堂、下得厨房、温柔贤淑、优雅大方的媳妇，于是戒掉喜欢玩的游戏，扔掉那些有精美饰品的衣服等，硬生生地改变自己的喜好和举止行为。而有些人是被动的，比如：丈母娘希望自己的女婿是一个开朗阳光、善于言谈的人，于是原本内向的女婿需要鼓起勇气去与并不熟识的亲戚侃侃而谈。

为了满足丈夫或妻子对另一半的完美幻想，或是迫于周围压力，很多人朝着“完美妻子/丈夫”这一目标主动或被动地改变着自己，独自一人默默前行。久而久之，长期堆积的压力与心中的不平、委屈一点点持续发酵，它们很容易在以后的生活中因为一点小事而爆发，且一发不可收拾。而透过“立人设”这一表象，我们能找到问题更深层次的原因，那便是彼此之间安全感的缺失，暴露缺点会让他们缺乏安全感，所以他们不敢做真实而有缺点的自己。

依恋在心理学中是个非常重要的概念，一般被定义为婴儿和其照顾者（一般为母亲）之间存在的一种特殊的感情关系。它产生于婴儿与其父母相互作用的过程中，是彼此感情的联结和纽带。人的安全感来自幼小时期的体验，依恋则是其外在表现。

一开始，研究者把对依恋研究的注意力放在了母婴相互关系如何随婴儿的成长而丰富和变化方面。现在，研究者普遍认为，依恋是人类适应生存的一个重要方面，因为它不仅提高了婴儿生存的可能性，而且建构了婴儿终身适应的特点，帮助婴儿向更适应生存的方向发展。

也就是说，依恋不仅仅只是婴儿需要，而是贯穿个体一生的心理需求。人人需要依恋，因为活着就需要安全感，因此，现实婚姻生活中，安全依恋是健康心理的要求，夫妻之间幸福依恋是关系和谐的表现。

俗话说，人无完人。在漫长的婚姻生活中，双方需要互相改变，互相磨合。我们把依恋分为三种类型：

① 安全型：双方互相信任，喜欢保持亲近。

② 回避型：彼此之间缺乏信任，喜欢跟对方保持情感上的距离。

③ 焦虑型：它的典型特征是对恋人的情感效用性缺乏信心，与对方亲近时，会产生强烈的不适。

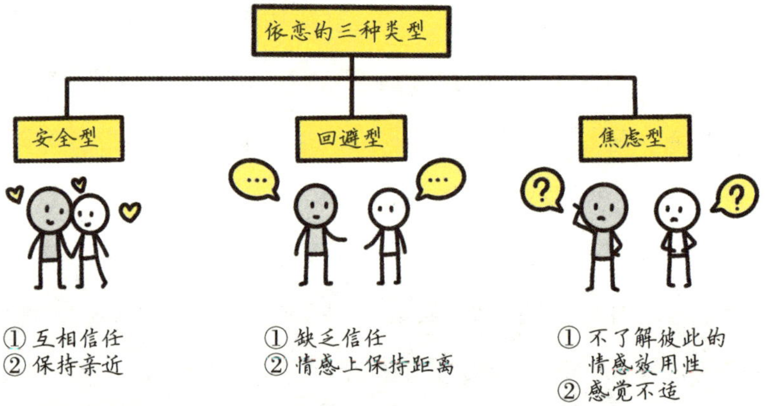

我们小时候敢于探索陌生世界，一旦发现危险会逃回家中，因为家是安全的。这是安全型依恋在起作用。孩子会对家表现出极度信任、喜欢、接近。而结婚后，在夫妻之间发展起来的安全型依恋，也可以称之为幸福依恋，它决定了婚姻是否幸福。夫妻之间要尽量给对方足够的信任感、依赖感，让对方不会在安全感方面有所缺失，这样夫妻生活才会更加幸福、融洽。

为什么要做“相互弥补不足的夫妻”

很多人在婚姻中经历了挫折后，常常喜欢问：婚姻的真正意义是什么？

其实，这个答案并不复杂。婚姻就是两个不完美的人在生活中互相磨合、互相宽容、取长补短、互相学习，在生活中，感受彼此之间的付出，不断靠近对方，不断成为更好的自己的过程。当你在婚姻中不断付出时，当你对家庭不断投入爱时，婚姻中的我们收获到的不仅有对方对我们爱的回馈，还有更加亲密的关系。

因此，我们要学会在婚姻中“暴露”自己的问题，并通过解决这些“问题”学会包容理解，学会取长补短，学会成长，进而享受婚姻带给我们的幸福。那么，做一对相互弥补不足的夫妻会给婚姻生活带来什么样的改变呢？接下来就让我们一起看看。

1.有利于共同进步，相互促进

如果男女双方一个性格爽利、较为果敢，但做事缺乏考虑以及耐心，另一个细致谨慎，而恰恰少了那一份果断，那么对于这种情况来说，他们之间会相互影响，并给彼此带来不同。

夫妻共同进步、相互促进，这样更有利于彼此的成长。两人在处理事情时，不会因性格相似只顾及事物的一面却发现不了另一面。生活中彼此取长补短，这样不仅有利于扫除爱情路上的障碍，而且也会发现对方身上不一样的美。

2.减少矛盾的发生，让两人关系更加和谐

妻子性格大大咧咧，生活中总丢三落四，但是做事果断不犹豫；丈夫心细如发，做事时总能考虑得很周全，但面对选择时总犹犹豫豫，做不了决定。

在这样的组合里，如果妻子总要求丈夫凡事果断地下决定，丈夫总抱怨妻子不细心，那“家庭大战”分分钟就能“燃”起来。

但如果丈夫发挥自己的能力，把家里收拾得很好，而妻子时常在关键时刻拿出自己“杀伐果断”的气势为家庭一些重大决定“拍板”的话，这样二人在生活中就能够避免很多矛盾。互补性的夫妻就像是一对咬合的齿轮，相互弥补空缺，彼此有序转动。

3.能够互相包容，容易发现矛盾、解决矛盾

生活不易，许多困难与矛盾需要夫妻二人共同面对，而许多感情之所以会破裂，从根本上讲是因为矛盾没有被及时发现，并且后期未能得到妥善的解决。性格相似的夫妻很难发现彼此都存在的某些共性问题，这是因为他们性格大体相同，矛盾很容易出现在他们的盲区。而具有“相互弥补不足”意识的夫妻在面对矛盾时，他们会有意注意彼此间的差异和不足，敏锐地发现问题，进而不等矛盾加深就将其化解掉了。

你喜欢吃麻辣烫，我喜欢吃西餐，但我理解并接受你的喜好，也愿意陪你一起吃麻辣烫。“求同存异，和而不同”，接受婚姻的不完美，不强迫改变。不在婚姻生活中给自己设定一个完美的人设，学会做一个不完美的妻子/丈夫。有各自的事业、爱好、理想，彼此尊重、支持，双方活出自我，并鼓励对方超越自我，这才是婚姻生活最美好的模样。

杨洋博士有话说

★ 做相互弥补不足的夫妻，有利于共同进步，相互促进。

★ 做相互弥补不足的夫妻有利于减少矛盾的发生，从而让两人关系更加和谐。

★ 相互弥补不足的夫妻往往能够互相包容，这样更容易化解矛盾。

Start ▸ 03

婆媳战争的本质，夫妻矛盾的折射和外延

场景 ▸▸▸ 03

大志出差回来，得知妻子芬芬趁自己出差跑到婆家和妈妈大吵了一架，不由怒火中烧，回家就和芬芬爆发了激烈的争吵。

大志：你竟然跑到我家和我妈吵架，还动手推她！

芬芬：谁愿意吵架，要不是你妈说话难听我能和她吵？！

大志：我妈说话难听？！你也不看看你！脾气大，又不讲理！

芬芬：我脾气大？！我不讲理？！谁把我逼成这样？！要不是你天天不着家，我能这样？！

大志：那还不是因为你整天抱怨，整天发火。你这样谁愿意在家待着？！

芬芬：这日子没法过了！

大志：不过就不过！

最近在课堂上接触到一个个案，案主大志说，他刚和妻子爆发了一场“战争”，婚姻已经到了结束的边缘，名存实亡。“媳妇趁我出差的时候，对我妈恶言相向，还动手推搡！”他很愤怒地说，“要不是怕孩子苦，我早就去办离婚手续了。”

我问他：“你们夫妻之间平时是怎么沟通的，遇到问题是否会及时交流？”他说，妻子芬芬很喜欢抱怨和指责，动不动就发火，他根本没法和她沟通。所以在妻子生气抱怨的时候，他只是沉默。见他沉默了，妻子就更来气了，闹出更大的脾气来打压他。他一不做二不休，干脆就搬到外面去住。妻子总也看不见他，就出现了刚才提及的那一幕——找他的父母，把心里所有的愤恨和委屈都爆发了出来。

聊到婆媳矛盾，很多男学员们产生了共鸣。另一位男学员志刚站了起来，也分享了自己的故事。

原来，他的妈妈有糖尿病，出于担心，他会花很多时间去看望妈妈，尽自己的孝心。有时为了让妈妈过得更好，也会偷偷给妈妈钱。我问他为什么是偷偷给，媳妇是怎么看待这件事的？他说：“怕媳妇不高兴，没告诉她，所以是偷偷地给呀。”原来媳妇一直被蒙在鼓里，甚至没有表态的机会。

我问他：“你觉得，要是爸妈吵架了，在你心里，你会帮谁呢？”

“肯定是帮我妈妈，她人老了，身体又不好，我不帮妈妈，不是会被天下人讽刺嘲骂我是不孝之子吗？”

“那你和你媳妇关系如何？”

“不太好，她总说感觉自己是外人，我和我爸妈是一家人。我妈妈生病了她也不愿意来伺候，我妈妈对她很不满，觉得我娶了媳妇和没媳妇是一样的！”

我接着问他：“那你自己感觉怎样啊？”

他想都没想地回应道：“哎，徘徊在离婚的边缘了。我就受不了别人对我妈不好！”

☑ 家庭中隐藏的“爱的序位”

国际著名的心灵导师海灵格发现，在家庭系统中，有一些隐藏着的、不易被人们意识或觉察到的动力在操控着家庭成员之间的关系，这就是“爱的序位”。他曾说过这样一句话：“家庭悲剧的最大来源，就是家庭成员关系的错位。”如果我们按照“爱的序位”和家人相处，就能够家庭和睦，人人幸福快乐；如果我们忽略了它，就会受到巨大的困扰。人类的家庭关系经过久远的历史发展，有着自身的秩序：父母、子女、夫妻等多组关系之间，必须有着相互适应、相互协调的安排。从后辈角度来看，当婆媳关系和夫妻关系同时存在的时候，把重心放在后者，这才是明智之举。这样做并不能说明为人子女不孝，而是只有这样才符合生活之道。

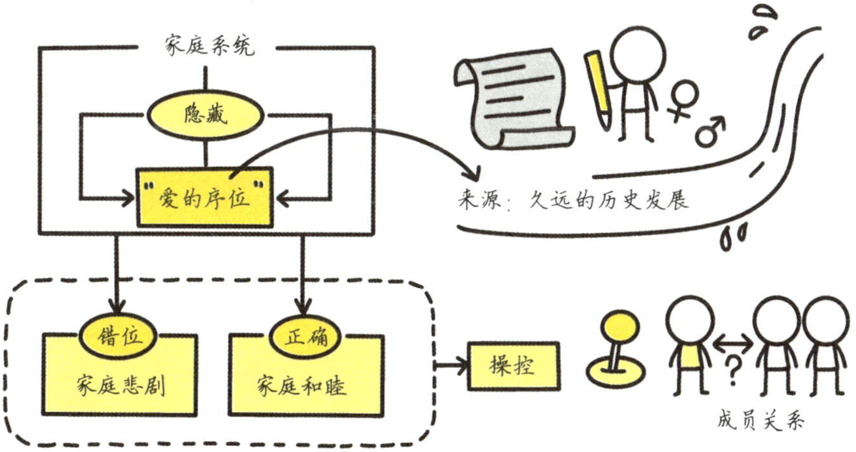

回到前文两个例子，乍一看，丈夫们倾诉的婆媳矛盾都是因为媳妇太不像话，但如果再往深处想，就会发现夫妻之间的关系早已千疮百孔。家庭关系发展成这种局面，丈夫有不可推卸的责任。如果不是大志冷暴力，不积极解决问题，妻子也不会转向对方的母亲求助，乃至迁怒于婆婆；如果不是志刚一开始就打定主意以照顾母亲为优先，瞒着妻子，认为妻子会阻拦自己对母亲好，妻子也不会感觉自己成了外人，最后不愿意来照顾婆婆。

☑ 现代家庭关系中的秘密及经营技巧

传统家庭结构中，女人们离开父母，嫁为人妇、侍奉公婆，在家庭中获得的支持比男方少，付出的却多。在此前提下，如果不以夫妻关系为本位，无疑会忽视妻子的独立人格，甚至让其感觉自己是家中的仆人。如此一来，婆媳之间的关系也就难免取决于妻子的隐忍能力了。

那么，如何处理好婆媳关系和母子关系呢？这里为大家分享5个技巧。

1.在小家庭里，以夫妻关系为本位，亲子关系和婆媳关系次之

从志刚的例子可以看出，在现实家庭序列里，男人常常把母子关系排家庭关系的第一位，夫妻关系次之。一般而言，我们认为这是传统文化的影响，不过也有学者有其他认识，如海灵格，他认为，这是中国男人和母亲真实的紧密联结，和孝道没关系。不论如何，在这种秩序中，丈夫忽略妻子的感受，把妻子对自己父母无条件的付出视为理所当然，时常在家庭谈话中把妻子排斥在外；而妻子本能地想要回归夫妻本位的秩序，进而和丈夫形成最亲密的关系，得到应有的关心

和信任，于是就会和婆婆“争夺”儿子。这可能就是婆媳冲突的根源。

如果志刚、妻子和婆婆都能各就各位，那么彼此间便能各司其职、各尽其职，婆媳关系自然而然也会非常和谐。志刚应该把妻子视为他生命中最重要的人，当妈妈与妻子发生矛盾冲突的时候，他可以正式、严肃地和母亲表示，“这是我的妻子，是和我过一辈子的人，我希望您因为爱我而学会接纳她。若她有做得不好的地方，我负责去与她沟通。请妈妈相信我们，我会牵着妻子的手一起来孝顺妈妈。”这些话，很多丈夫从来没有对母亲说过。当丈夫学会在家里捍卫妻子的地位，在这个家里作为最爱护她的人来保护她时，才能换取她对自己家人发自内心的爱。如此一来，我相信妈妈也会尊重儿媳，希望自己的儿子幸福而去祝福他们。

2.丈夫做好沟通的桥梁，“好话两头传，坏话两头瞒”

生活在一个屋檐下，摩擦是在所难免的。丈夫作为中间人，要努力把母亲和妻子讲给自己的话以正确的方式传达给另一方，要学会做沟通的桥梁，促进正面沟通。如果志刚家的婆媳在生活中产生了冲突时，志刚单纯成了传话筒，听了母亲和妻子倾诉自己的苦处时，全然不放在心上，直接就将原话传给了另一方，那这一学嘴，可能小事也会成了大事。

其实，志刚作为这个三角关系中最核心的部分，必须架起双方沟通的桥梁，疏导母亲和妻子的情绪。比如媳妇说了什么感谢母亲的话，志刚就赶紧传给妈妈，正所谓好话多传，把好人机会给老婆、老妈；坏话多瞒，糟心的事留给自己！当然，一段时间后，当婆媳之间多了信任和亲近，这样善意的谎言也就不必再持续了，大家把话摊开了说才是相处的长远之道。

3.提前做好约定，明确生活界限

婆婆要尽量少干涉儿子和儿媳之间的事情，学会放手，同时也要尽量了解年轻人的世界，不要求儿媳像自己一样。比如在志刚家里，妻子做饭、洗衣服有自己的习惯，而婆婆却想要儿媳延续自己家里的传统，这样做便会逾越家庭秩序的边界。事实上，除非媳妇主动请教，否则婆婆尽量不要干预儿子儿媳的生活。

儿媳也一样，除非婆婆自己愿意向新时代看齐，想要体验一些新鲜事物，否则不必强求老人接受你以为很好的新观念或者“好”习惯。比如志刚的母亲喜欢收纸箱去卖钱，那就让老人家去收集，只要不是违背原则的大事，可以多些理解。志刚的媳妇还可以多想一想，正是这位勤俭持家的母亲养育了她所深爱的老公。

又例如孩子的教育、养育方式应该听谁的，彼此最好提前约定好。有必要明确的一点是，管教孩子主要的负责人应该是爸爸妈妈，而不是爷爷奶奶。很多数据都表明，隔代教育会给孩子带来不良影响。爷爷奶奶要明白，自己是辅助儿子和儿媳来照看孙子，不需要也不应该大包大揽，把决策权留给儿子及儿媳。这样界限清晰，八大行星各在各的轨道，才能相安无事！

4.婆媳关系修复，需要真诚道歉

对于婆媳之间已经产生的一些矛盾，需要修复的，大家可以开诚布公地坐下来聊聊。对于自己做得不好的地方，真诚地向对方道歉。大家还记得某年春晚贾玲、张小斐联手上演的婆媳大战吧？后来双方承认错误，真诚道歉。实际生活中，其实很多矛盾并没有那么严重，只要摊开了说并不难解决。最伤人的，有时恰恰是那种把彼此当外人的表面客气、暗地抱怨。婆媳真诚和解对家庭和睦非常重要，到那时，最开心的可能就是夹在中间的丈夫了。

以大志的例子来说，正是由于他和妻子沟通中存在冷暴力，妻子才把气撒到了婆婆身上，她可以真诚地向婆婆道歉：“妈妈，很对不起，我不应该把我的怒气撒到您身上，让您难过了，我心里很愧疚，我会处理好我和大志的矛盾，我们牵手一起来孝顺您，请您原谅。”

5.男人必须强大起来，有担当和责任

男人无能，有时候就造成了两个女人的强势。婆婆太强势，背后往往都有不成熟和没有担当的儿子；儿媳太强势很大程度上也是因为丈夫无能。要想处理好三者的关系，男人必须得有担当、有责任。

大志遇事就冷暴力、躲起来，婆媳闹了矛盾又全都怪在妻子身上，看似是孝顺的儿子怒斥了坏儿媳，其实是没有担当的表现。自己总当缩头乌龟，所以妻子并不尊敬信任他，母亲也不认可自己。男人在家里没有话语权，只能任凭两个女人相互争吵、胡思乱想。因此，只有男人强大起来，才能照顾好两个女人，使她们安安心心地感受亲人的温暖和信任。

6.婆媳间要心怀感恩，换位思考

吃水不忘挖井人。对志刚的妻子来说，如果丈夫给了自己幸福，那么要想想是谁培养了丈夫。因为爱志刚，就应该学会接纳和包容自己的婆婆，不顾丈夫感受而跟自己婆婆撕破了脸来斗争的人，往往是不够爱丈夫的。对于志刚的妈妈来说，要考虑下到底是谁决定了儿子后半生的幸福？是爱他的儿媳妇。自己当年做儿媳妇时的那种委屈，还想让这个女孩再体验一遍吗？既然不想，那就支持自己

的儿子维护他的妻子，并祝福他们。对于志刚而言，好好爱自己的妻子和母亲，心里有杆秤，遇事不要躲起来，不要把夫妻关系放在亲子关系之后，做一个有担当的人，才有资格拥有幸福的家庭。把夫妻关系作为本位，经营好小家，相信婆媳关系自然而然就能和谐。

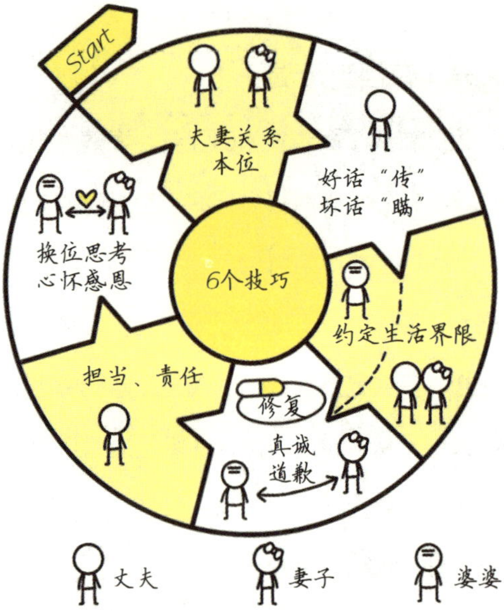

杨洋博士有话说

★ 按照"爱的序位"以夫妻关系为本位
★ 丈夫做好沟通的桥梁
★ 提前做好约定，明确生活界限
★ 修复婆媳关系，需要真诚道歉
★ 男人要有担当和责任
★ 心怀感恩，换位思考

爱的8大规则——幸福的约定

都说无规矩不成方圆，家庭亲密关系也是这样，夫妻、亲子之间要懂得设立界限和规则。每个人都是独立的个体，都有不能轻易被逾越的界限。要根据家庭成员中每个人的特点设立界限和规则，这样才更有利于和谐共处。

这8大规则主要有以下几点：

忠诚

想必大家在亲密关系中最在乎的就是“忠诚”，这是一条铁的“纪律”，任何一方一旦逾越了这一界限，亲密关系便很容易破裂。

性生活

还记得“马斯洛需求层次理论”吗？里面最底层的“生理需求”就包含了“性”。男人和女人产生亲密关系大多都是由于性激素的作用，而性激素的上涌大多来自性需求的产生。而在现实生活中，很多表面因“性格不合”而关系破裂的夫妻，从根本上讲，很有可能是因为“性生活不合”。

婆媳与原生家庭

婆媳关系之所以会紧张，其实大多与丈夫不会处理家庭关系有关，家庭关系中排第一顺位的永远应该是夫妻关系。如果丈夫的原生家庭给他带来了很多影响，让丈夫弄错了家庭关系的第一顺位，由此妻子得不到丈夫的支持和理解，感觉自己像这个家庭的外人，那么家庭关系自然容易出现问题。

财务

家庭关系中财务规则的制定也很重要。一个家庭中既要避免“一言堂”的出现，也要避免各顾各、各管各的情况出现。“财务大权”涉及“安全感”，如果夫妻间某一方过分看中财务，那么也容易引发矛盾。

家务

很多人认为家务就应该由妻子来做。其实，家是夫妻共同的家，家务也应该由夫妻共同承担。即便妻子是没有工作的全职太太，丈夫也应体谅妻子照顾家庭的辛苦。

孩子也应该承担一定量的家务。在适当的年纪做一些家务，不但能够提升孩子的动手操作能力，而且有利于亲子关系的培养。

生活习惯

每个人都是独立的个体，因为爱组建了家庭后不代表需要牺牲自我来成全对方，也不代表可以肆意地放大自己的个性，不顾爱人的感受。每个人的生活习惯确有不同，但对具体的相处规则，也需要进行友好协商，互相体谅和理解对方，在对方可接受和允许的范围内“做自己”。

沟通与冲突

人际关系维护是一项非常复杂的工程，在与人相处时难免会产生冲突，产生冲突不可怕，可怕的是冲突发生之后还不知道“为什么会爆发冲突？”“如何补救？”其实早在亲密关系建立时就可以相互商定不同情况下的沟通方式，一旦产生冲突该如何停止、怎么补救……所有这些都可以提前约定好。

孩子的教育

夫妻双方在孩子的教育问题上要有各自明确的分工，遇到问题时要冷静分析，共同商讨解决。当双方有分歧时，不要在孩子面前争吵，而要选择一个安静的地方理性分析问题，在此基础上努力找到解决问题的方案。

夫 妻 篇

认识爱的规则，修炼爱的能力

第2章

爱情保鲜剂，
你的每一刻都令我心动

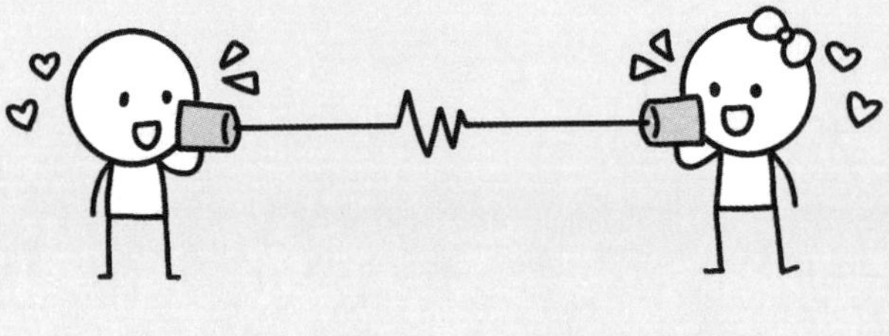

Start ▸ 01

在尊重的基础上，让他“如你所愿”

场景 ▸▸▸ 01

某日晚11点，原本该进入梦乡的时候，小青却在网吧里找到了正投入地玩着游戏的阿华，那一刻，小青再也忍不住与阿华大吵起来。

×

小青：玩游戏，玩游戏！你整天就知道玩游戏，什么都不管！现在倒好，还跑到外面来玩儿了！

阿华：我玩儿会游戏怎么了？！要不是你整天在家没完没了地叨叨，我能出来玩儿？！

小青：你回了家除了吃饭就是玩游戏，家里有你和没你一个样！

阿华：我辛苦上一天班，玩儿会儿怎么了？

小青：我不上班吗？我也累了一天，回家还得做饭管孩子，你可倒好，连句慰劳的话都没有，你和你的电脑去过吧！

阿华：简直是没事儿找事儿！

表妹小青最近向我倾诉，她的先生阿华在工作之余一直喜欢玩游戏，一玩儿就是一晚上，都没有时间陪她聊聊天或照顾一下孩子。她常常为此生气，每次都会和先生大吵一架，埋怨他不顾家，根本就不像婚前那样体贴和关心她。

而阿华也很委屈，觉得“我都辛苦工作一天了，回来玩玩游戏放松一下，怎么就变成负心汉了？你这个女人太不可理喻了”。于是，两个人陷入了冷战。

“这一次问题更严重了。”表妹说，“阿华最近总加班，一给他打电话就说很忙。我怀疑阿华不是在加班，而是在外面上网，于是有一天，我找遍了家附近的网吧，果真找到了阿华！当时我上了二楼，一眼就看到阿华正在眉飞色舞地玩游戏！顿时气得我火冒三丈，当时我们就大吵了一架！”这就出现了前面开头那一幕。

她烦躁而绝望地问我：“再这样下去，家就没有了，我觉得我好孤独啊，这样的日子我根本就过不下去……我该怎么办？”

我让她缓一缓情绪，然后详细了解了一下，其实阿华为了这个家还是非常努力工作的，他会把全部工资都拿回家作为家用，只是压力很大，所以忍不住每天晚上玩游戏，没有好好地陪伴家人。

小两口没有很好地沟通，彼此都感知不到对方的情绪，准确讲，他们并没有“共情”过对方的情绪，只是一味地给对方贴“负心”“不可理喻”的标签，直到最终陷入僵局。

不仅是伴侣之间，同事之间也有这样的问题。

☑ 尊重彼此的感受，尊重彼此的想法

几天前，有个朋友曾分享过刚开始上班时一个让他印象很深的细节。每次在

公司午休，人事部的同事都会在快上班的时候，大大咧咧地溜达到他的工位旁，一边粗暴地拍醒他，一边大着嗓门喊："上班啦，快起来！"他虽然理解这是同事的工作，也是公司的安排，但是每次都有些狼狈，感觉很没面子。

"都这么大人了，你还每次都直接过来把我拍醒，真的有必要吗？"他皱着眉回忆说，"没准这位人事部的同事感觉也不好！"

令人惊喜的是，这个问题后来得到了改善。

有一天中午，到了快上班的时间，这位同事没有出现，广播里却传来了温柔的声音："大家中午好，午睡睡得好吗？今天是我们第一次点歌，×××为大家带来一首《单身Party》，祝单身人士早日脱单！"同事们都笑了，大家在欢快的音乐声中开始了下午的工作。朋友说，那天下午他感觉自己的工作状态比之前好了很多，对公司不断优化的企业文化也是由衷地赞叹。

这个改变之所以受到员工的支持和认同，就是因为公司把冷冰冰的要求转化为了温暖的关照，在尊重个人体验的前提下，采取巧妙的表达方式，春风化雨地实现了让员工及时恢复工作状态的目的。

☑ 共情是夫妻相处时彼此都不可或缺的能力

在《被忽视的孩子》里有一句话，"没有同理心的父母就像是在昏暗的房间里用生锈的器具做手术的人"。

细想一下，夫妻之间没有同理心、没有共情能力真是极其恐怖。

共情是一种能设身处地体验他人处境及内心世界，从而达到感受和理解他人情感的能力。具有共情能力的人能够看懂他人的内心，知道他人的想法，能够感受他人的情绪。共情一般包括认知共情与情感共情。认知共情是指能够理解他人的经历与情绪。而情感共情，是指你不仅能够识别他人的情绪，而且能对之感同身受。

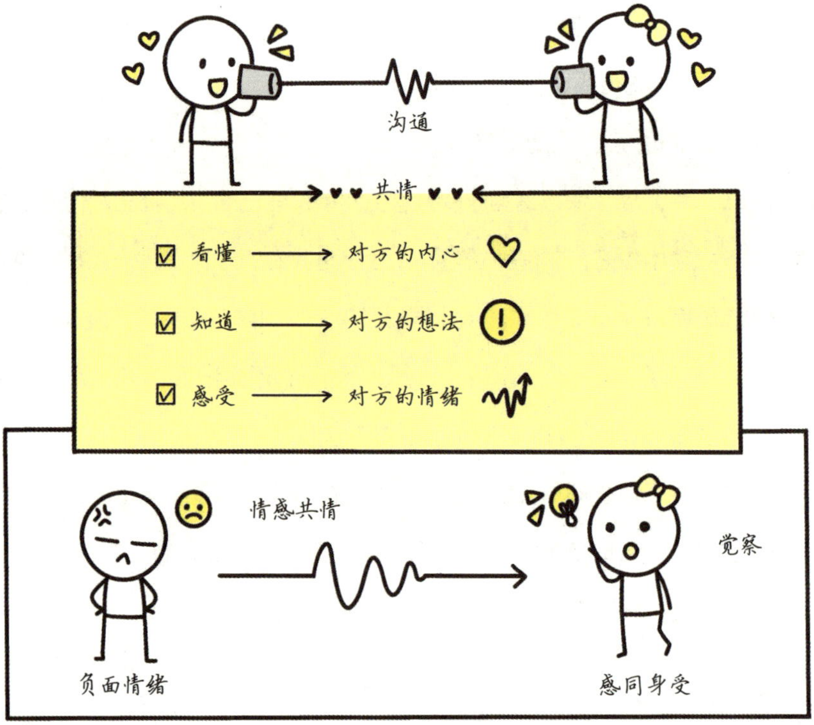

那么，如何在尊重伴侣的基础上，让他“如你所愿”呢？

1.学会共情，并及时用适当方式表达情绪

案例中，小青向阿华表达“你不顾家，根本就不像婚前那样”，阿华若感受不到小青内心的难过和纠结，只是觉得自己不被尊重，不被理解，那么就很难停下游戏去倾听小青内心的真实感受，只会理直气壮地埋怨小青“玩会儿游戏都被

你催”。

若可以体会到对方的感受，能看到她的悲伤和难过，理解她，那么双方就会在互动中感受到爱的流动。

那如何去表达情绪呢？

当你看到伴侣在看手机或者玩电脑，怎么叫他都不理你，你的感受是什么呢？也许是生气，是愤怒……但是与其埋在心里生闷气，事后大吵一架，不如以适当的方式直接表达自己的心情，也给对方一个弥补的机会。

“老公/老婆，我看到你7点回到家，坐在凳子上玩游戏，也不看看我，我心里很生气噢。你可以陪我聊聊天吗？”当你这样说的时候，伴侣应该会立刻感受到你对他充满爱的包容和隐隐的不满，然后在你动怒之前主动纠正自己的错误。

实际上，婚姻最大的绊脚石就是女人不会正确地表达情绪，而男人不会直白地表达爱意。

2.要了解男女之间的生理差异（详见附录中的“男女两性差异表”）

有研究显示，在脑功能方面男女有所差异。男性在专注时，往往难以分神；女性有时候则可以做到“一脑多用”。

比如说丈夫看报纸、打游戏的时候，你怎么叫他，他都听不到；但妻子可以兼顾看电视、管孩子、打毛衣，同时还可以从容地叫老公去倒垃圾。

当阿华在聚精会神地玩游戏的时候，他是听不到小青的呼喊声的。这时候喊叫只会打乱他的游戏节奏，招致他的不悦，与其这样，不如耐心地等他结束，或干脆陪他玩一会儿游戏，让他下班回来可以放松一会儿，然后再心平气和地沟通。

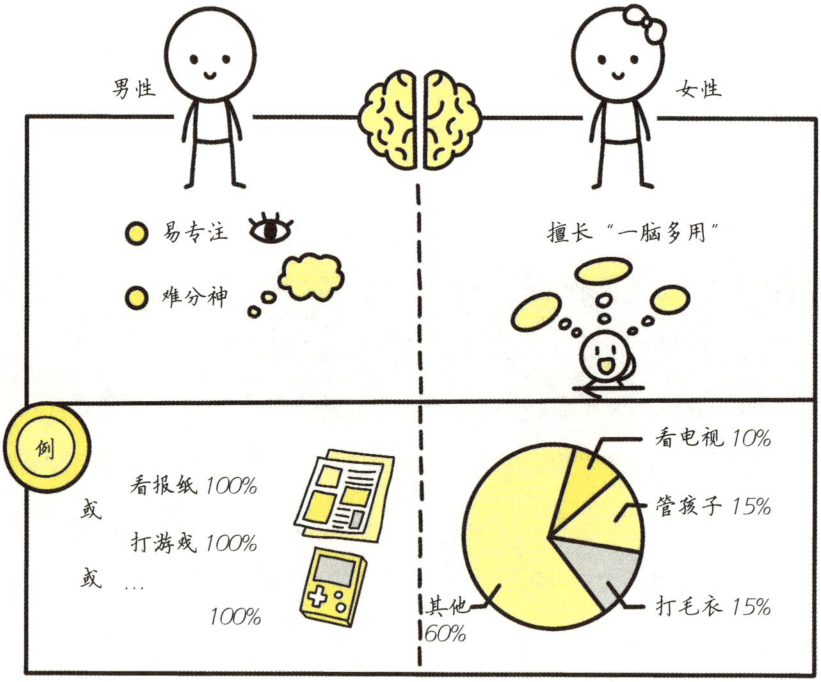

3.事先约定规则，彼此达成共识

在一个平凡温馨的家里，如果生活中出现了问题，可以通过制定规则的方法来解决。需要注意的是，对于已经定好的规则，每一位家庭成员都要有敬畏意识。对于阿华下班后可以玩多长时间的游戏，小青和阿华可以坐下来协商，商定好后要尽量按照约定好的规则执行，这样就会减少很多争执。

4.善用赞美，让彼此的爱越来越浓

美国著名作家戴尔·卡耐基在《人性的弱点》一书中提到：在日常生活中，我们经常忽略的美德之一便是赞赏他人。

从某种意义上说，婚姻是一个外交场合。男人需要得到崇拜，女人需要得到宠爱，而赞美是表达崇拜和宠爱最重要的养料。我们在受到对方赞美时，由于受激素影响，血清素会上升，这时会对神经产生强化作用。那到底如何去赞美和肯定对方呢？这真的是一门学问。

我们认为，要学会具体地、有细节地夸人，不能太宽泛。听到“你真棒”“你真厉害”的话语，对方会没有太多感觉，并且觉得你有点敷衍，所以要赞到点子上。例如，小青可以说：“老公，你玩这款游戏的时候反应很快哦，一次就通关了！”看到老公回家辅导孩子写作业：“老公，你辅导兰兰写作业好有耐心，比我语气好很多，感觉她更听得进去一些。有你这样的爸爸，兰兰真幸运！”

比起令人感到沉重的责备，赞美有时候更容易让对方听懂你的心意。若先生特别喜欢喝酒，比起指责，能不能通过夸的方式劝他少喝点呢？当然可以。你可以说：“为了我们能有更好的生活，你时常在外喝酒应酬，太不容易了，但应酬归应酬，你也要保重自己的身体，你能健健康康的，这才是我们家最大的幸福。”

通过赞美，还可以让对方去做你希望他做的事情。“老公，麻烦你去做饭”“老公，我觉得你做的饭特别香，我每次都忍不住多吃一碗，有你做饭，我又有口福咯！” 这是两句不同的话，表达了同样的目的——希望先生能够做饭。可生活中，很多人会习惯性地说第一句话。我们会习惯地、简短地要求对方去做某件事，结果对方常常不情愿做。如果我们通过夸奖的方式表达诉求，那么愿望便更容易达成。

我的一位朋友分享他的亲身经历。他说："以前，由于我家务做得很差，所以老婆就默默地自己去拖地，并把地面拖得像镜子一样透亮，时间长了，我便习以为常，并且觉得理所应当。可是有一次，她有点难过地跟我说：'老公，我今天腰有点酸痛，你能不能帮我简单拖一下？'我一下愧疚起来，赶紧接过手。然后她告诉我像Z字一样拖……慢慢地，我终于学会拖地了，后来一直是我拖地。这时我们才发现，原来再懒的人都可以被调教好，一起做家务才是两个人共同幸福的模式。"

伴侣的关系需要长期经营，需要像打造公司的企业文化一样，动用一切智慧润物细无声地去引导对方，而不是盲目制造对抗和争吵。让对方感受到被理解、被赞美、被期待，那么他才更能"如你所愿"。

杨洋博士有话说

★ 学会共情，加深彼此的理解

★ 了解男女大脑的差异性

★ 事前约定规则

★ 善用赞美

Start ▸ 02

在艰难的时候，学会依赖和寻求对方的帮助

场景 ▸▸▸ 02

秀秀老公又出差了。晚上，秀秀在忙完了一天的家务，并照顾孩子们上床入睡后，拨通了远在千里之外的老公的电话。

✕

秀秀：老公，你吃饭了吗？那边天气怎么样？冷不冷？

秀秀老公：嗯，早吃了。

秀秀：那边冷吗？今天事情还顺利吧？

秀秀老公：和你说你也不懂。

秀秀：我就是关心你嘛。早点处理好事情可以早点回家呀，我和孩子们都想你了。

秀秀老公：知道了，还有事吗？没事挂了吧，马上这一级就过关了，大家都等着呢，不说了。

秀秀：…………

那天下午，闺蜜秀秀坐在我旁边，回忆起和先生的一幕幕。伴随着心里的各种委屈难过，秀秀泪如雨下。我静静地聆听着她的诉说。

“他啊，为了参加朋友的聚餐，可以开4个多小时车赶过去；为了奔赴兄弟的婚礼，可以坐十几个小时的高铁。他也很拼事业，公司里的出差他都会争取，总是隔三岔五地要出差。

“他对外人都是和颜悦色，对家人却总是冷冰冰的。一回到家就苦着脸、皱着眉，一副很累的样子，我和孩子哄他开心也没用，弄得我们都有点不知所措。孩子们本来很依恋他，2岁多的小女儿总是趴在他身上不肯下来，儿子也总是缠着他讲故事。但他好像太累了，家里的事情都放手不管，甚至可以很生硬地把孩子抱着他的手掰开，之后丢给我。作为妻子，我要忙家里大大小小的事情。儿子学校远，我只能在单位搞特殊，协调时间，早早起床送孩子上学，下午按时接孩子放学。晚上忙完孩子的事情、做完家务，给在外地出差的他打电话，他正玩游戏，对我只有冷冰冰的敷衍。放下电话，我暗自苦笑，看来这个电话扰了他的痛快。对他来说，他的所有精力都用在了工作和朋友上，没时间经营家庭。工作和朋友才是最重要的，家人反倒成了负担，要争夺他的时间和精力。哪怕我做了这么多，哪怕孩子想哄他开心，他一回家就一副全世界都欠了他的样子。有时候我越想越气，他怎么能把所有的好脸都给了兄弟和同事而无视家人呢？”

秀秀越发伤心起来，手攥成了拳头，泪水像断了线的珠子，以至于最后她只能喃喃地重复着一句话：“做他的家人，我感觉好难，好累……”

看到秀秀如此难过，我太心疼了。他们年轻的时候是令人羡慕的情侣，大学期间常常形影不离。但时间的长河冲走了年少天真，带来了现实重担，也改变了幸福的模样。和许多相处久了的夫妻一样，他们之间不再甜言蜜语，遇到困难也不再彼此倾诉，秀秀的丈夫更是连相敬如宾的夫妻之道都懒得延续下去，彻底做起了冷脸的甩手掌柜。婚姻真正成了爱情的坟墓，每个人心中积压着倦怠和怨气无处诉说，两个人都越来越孤独。

其实越是在艰难的时候，伴侣之间越要学会寻求对方的帮助，大胆地依赖对方，而不是一个人孤独艰难地扛下去，也不再有足够的胸怀去分担对方的苦处。或者说，既然“冰冻三尺，非一日之寒”，当现实压力最初到来的时候，两个人就要警惕这样的情况，有意保持沟通，用乐观的心态为彼此化解困难。

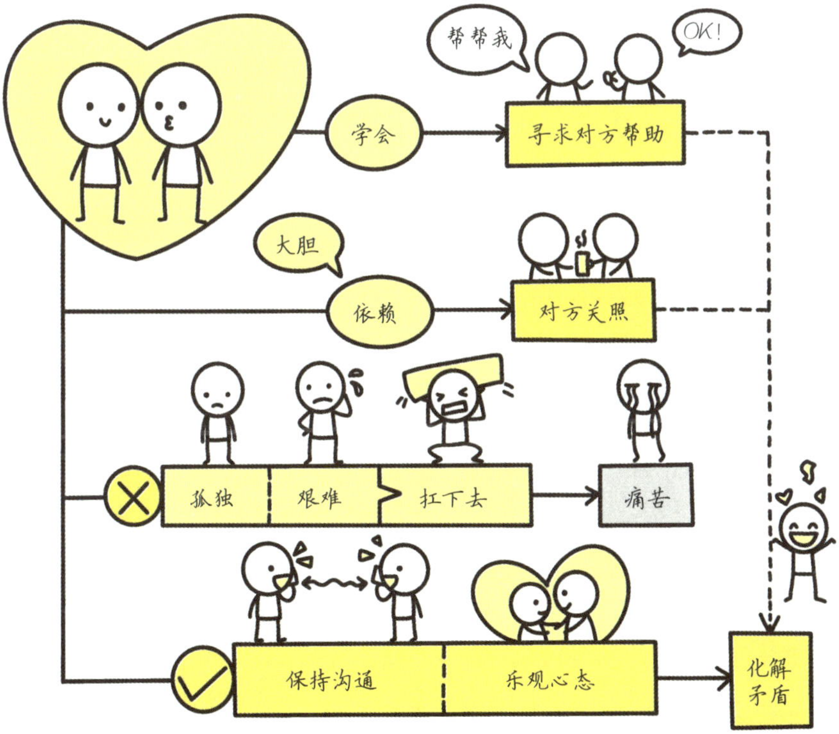

苦难时的互相扶持是平淡而踏实的爱情

等秀秀的难过情绪都宣泄出来后，我拍拍秀秀的肩，问她：“还记得钱钟书和杨绛的爱情吗？”

她听了一怔，淡淡地点了点头。

从古月堂前初次相见，到后来六十余载的相守相伴，他们一起从学生时代走到了生命的终点，经历了太多的挫折和坎坷，却演绎了这世间最平淡最踏实的烟火幸福。他们是怎么做到的呢？

钱钟书像一个长不大的孩子，总是喜欢惹一些小麻烦，每次他把事情弄糟的时候，总是急急忙忙地跑去跟杨绛说。而每次杨绛都只是轻轻地一边安慰他，一边努力帮他处理好这些小麻烦。所以钱钟书除了十分宠爱杨绛外，也十分依赖她。杨绛的那份始终如一的从容淡定让他迷恋，让他心安，他知道只要杨绛在，一切问题都只是小问题。

就如她在《我们仨》中写的一样：“我们这个家，很朴素；我们三个人，很单纯。我们与世无争，与人无争，只求相聚在一起，相守在一起，各自做力所能及的事。碰到困难，钟书总和我一同承担，困难就不复困难；还有个阿瑗相伴相助，不论什么苦涩艰辛的事，都能变得甜润。我们稍有一点快乐，也会变得非常快乐。”

在这艰苦的岁月里，钱杨的美好与幸福不是升官发财，也没有金银豪奢，而是来自险象迭生的人间烟火和无情不仁的岁月变迁。他们没有什么幸福的秘籍，只是知道相互牵绊。在艰难时刻，他们彼此依赖、彼此相守、彼此牵着手前行，共渡难关。

相比之下，为什么世间那么多的夫妻做不到这一点，在现实困难面前磨碎了爱情的浪漫和温暖？其实，这里是需要一些方法的。

1.夫妻同心，其利断金

电影《中国合伙人》有个情节——公司陷入危难，曾经各奔东西的兄弟们冰释前嫌，竭尽全力与美方周旋，渡过难关。其实婚姻就像“夫妻合伙”，若想困难面前不败，就要注意经营之道：有共同的目标，发挥各自所长，过程中齐心协力，一边磨合，一边享受共览岁月变迁、共创美好生活的快乐。进一步说，夫妻当然是比开公司更紧密的合伙关系，需要双方拿出足够的诚意，愿意为对方牺牲，也敢把自己的幸福寄托在对方身上。若一方不肯分享悲欢，向着不一样的方向使劲儿，或不肯付出，只想坐享利益，那么这个家是无法长久的，即使存在，也会只是一个空壳。

秀秀觉得兼顾家庭工作很累，看丈夫冷脸更累；丈夫却觉得在外用尽了一切力气，不想再应付家人，那俩人就应该静下心来好好谈谈，聊聊生活中最重要的目标是什么，彼此可以为对方做什么……然后重新安排分工，一起照顾好家庭和事业，一起成长。

正如黄磊说：“世上没有原本就爱的。原本叫喜欢，叫兴趣，叫还可以。有了认知，有了了解，有了相濡以沫的感情之后，才有了爱。”一辈子，两个人，若背离，则相互消磨，痛苦不已；若相濡以沫，则定有无穷乐趣。

2.寻找爱的痕迹，珍惜彼此的付出

幸福的婚姻需要主动“除草施肥”。在真人秀节目《婚前21天》中，傅首尔说了一句话：“中年夫妻的感情之所以艰难，主要还是因为缺少了‘存在感’。

不是不爱了，而是忽略了对方的爱。”习惯了的事情，就会觉得理所当然，然后慢慢忽略，哪怕是曾经让人们十分感动的爱。

既然生活不会一帆风顺，那么在阴天的时候，对另一半说“让我牵着你的手用发现美的眼睛去寻找彩虹吧”，这也是一种仪式感和存在感啊。

秀秀夫妇二人都是很优秀、也很努力的人，可是他们各自为政的努力，却成了婚姻不幸的助推器。试想如果他们主动回溯属于二人共同的回忆，时常提醒彼此每个人为了这个家付出了多少努力，为彼此带来了多少欢乐，那么如今这样紧张的家庭气氛就可能不会出现了。

感情的日渐平淡往往不是没有信号的，这时候，关键要看双方有没有试着回忆最初的美好，主动找寻爱的痕迹，主动挽留对方的心。值得一提的是，本书附录提供了“亲密关系、科学婚姻关系修正表”及“亲密关系、幸福婚姻条约”表格，夫妻二人可以定期查看，对婚姻情况进行动态诊断和纠偏。

3.记录爱的回忆，制造二人专属空间

有人说，爱情是短暂的，结了婚之后就慢慢演变成了亲情。柴米油盐酱醋茶，关照彼此和孩子的冷暖仿佛成了生活的所有。然而，爱情一定要是这样的吗？

在节目《妻子的旅行中》开始的时候，节目组给丈夫们布置了一个任务，就是想办法让妻子们说出“我爱你”三个字。这个任务并不算太困难，但想要真正实现，却也不容易，因为这句话已经太久湮没在时光里了。

包贝尔为了完成任务，精心为妻子包文婧准备了一个惊喜——他重新“复

制”了当年两人一起住过的出租屋，而且在房间中挂满了两人的旧照片。包文婧走进屋子的时候，瞬间落下了眼泪。他们两人一边吃泡面，一边回忆起了当年经历过的艰辛岁月。

妻子讲述了当时两人生活的艰难：那个时候，他们住的屋子没有电梯，也没有暖气，洗澡还得专门跑到楼下去。最恐怖的是，由于出租屋卫生环境不佳，总有蟑螂爬来爬去。最后，包文婧笑着说："你跟我比我爱你，你差远了。"夫妻俩顺利完成了任务，让观众也十分感动。

其实，曾经的苦中作乐，和如今的一句"我爱你"，都是爱情的模样。如果秀秀夫妇不因生活的平淡而放弃心动，不因孩子的存在而忘了宠爱彼此，在平日里多去参与彼此的生活，霸气地把"情感银行"存得满满的，那么哪怕风雨来临，也有足够的能量去抵御！

4.找到专业第三方，促进情感调解

当两个人的矛盾无法调和的时候，可以一起求助于专业第三方。

有个朋友说，在农村，离婚往往会更少见。这当然有很多原因，但其中一个比较积极的因素在于：一发生矛盾，左邻右舍就会过来劝和，分成两伙人给小两口出主意、传话，这样便给夫妻二人冷静下来交流想法创造了机会。而现在，我们大部分人住在钢筋水泥的建筑里，每家每户大门紧锁，甚至不认识邻居。一旦发生吵架或不愉快，没有第三方的介入，于是难免怄气冷战，进而很多矛盾无法化解。

秀秀和身边的家人朋友倾诉，或是找专业学习心理学的朋友成为自己的第三

方，两者都是明智的选择。第三方往往可以更为客观地分析问题，给出建议，也可以代为转达她的苦恼，还可以形成监督的环境，督促另一半正视家庭问题、回应妻子的需要。有矛盾时，能有人及时帮忙化解，就可以避免在婚姻里无助的情况了。

歌德说过，不论是国王还是农夫，只要家庭和睦，就是这个世上最幸福的人。每个丈夫和妻子在结婚的时候都祈愿婚姻和美，可是在忙碌的生活里，想实现这一点也越来越难。艰难时刻中，要站在一起面对风雨；平淡烟火里，要仍然记得对方带给自己的心动。

就如《致橡树》里说的：

我们分担寒潮、风雷、霹雳；

我们共享雾霭、流岚、虹霓。

仿佛永远分离，

却又终身相依。

这才是伟大的爱情。

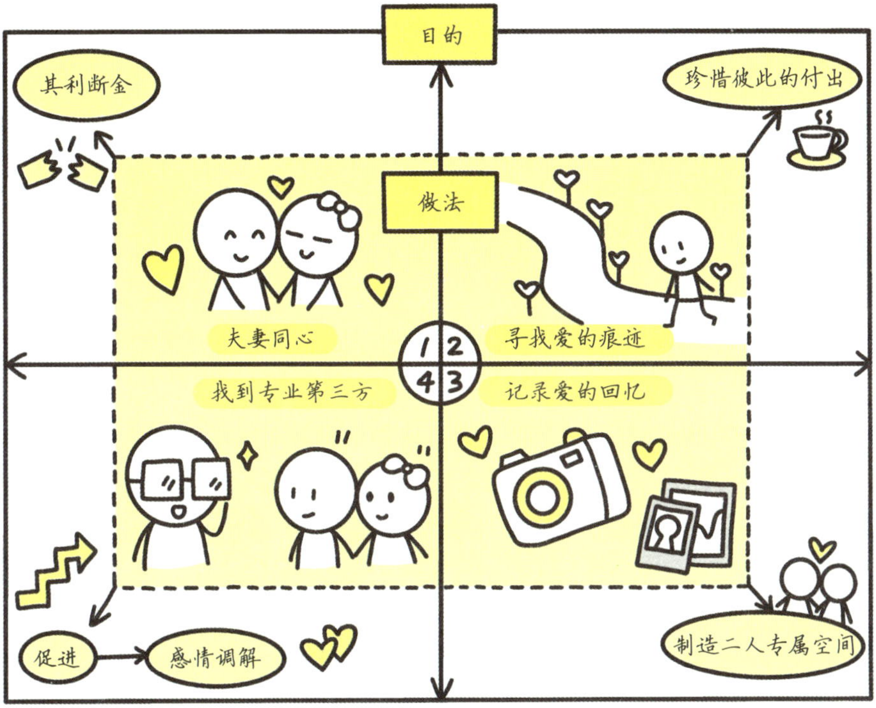

杨洋博士有话说

★ 夫妻同心
★ 寻找爱的痕迹，珍惜彼此的付出
★ 记录爱的回忆，制造二人专属空间
★ 找到专业第三方，促进感情调解

Start ▸ 03

学会接纳彼此的缺点，就会看到彼此间更多的优点

场景 ▸▸▸ 03

周五下午，霞霞想到好久没有和先生小文逛街看电影了，于是快下班时，霞霞给先生拨通了电话，想过个二人世界。

霞霞：老公，今天周末，下班我们出去吃个饭看场电影吧。

小文：霞霞，今天不行呀，我还有个计划书要做。

霞霞：又要加班？那明天呢？明天周六总可以吧。

小文：对不起，亲爱的。明天部门还要开会，季末了，事情特别多。

霞霞：你整天除了加班就是加班！我们一点相处的时间都没有。你多久没陪我吃饭逛街了？！

小文：真是对不起，霞霞。多挣点钱，咱们的生活不是能更好一点嘛。不说了啊，我赶紧写，争取早点回家。

霞霞：你和你的工作过去吧！

课堂上，上面的案例引发了大家的讨论——学员霞霞在和大家倾诉的时候，忍不住哭诉说：“我很后悔结婚，我老公一点都不懂得浪漫，就知道整天加班，满脑子都是赚钱。”

她的话音里充满了压抑和心碎。

有人轻声问：“当初为什么要嫁给他呢？”

她回忆说：“我们刚认识的时候，他还挺浪漫的，经常带我看电影，给我送花，比较会宠我，对我很好……可是后来就没有了。”

“那是什么导致他现在不浪漫了呢？”

霞霞迟疑了一会儿，说，“可能是因为我总嫌他家里穷，正所谓‘贫贱夫妻百事哀’，没钱什么也做不了，就让他好好赚钱……哪想到现在他脑子里只剩下赚钱了。”

“唉，那你内心其实并不欣赏你的先生吧？”

这次霞霞迟疑了更长时间：“……确实不那么欣赏。现在想想，他长得不够高，还有点胖，家里条件也不好。说直白些，我心里还一直有点看不起他。”她叹了口气，说：“大概是因为这个心理，所以我才总催他赚钱，想让他更优秀。”

这时候，一位大大咧咧的同学忍不住说了一句话，直击她的要害：“那就是你自己活生生地把你的老公从一个宠你的人变成了钢铁直男嘛！”

霞霞一时无言以对。

☑ 悦纳彼此的缺点，看到对方的优点

当时我在一旁听着，不知怎的，思索起了郭靖和黄蓉的爱情。还记得二人初

见，一个呆子和一个小乞丐，谁也没有嫌弃谁，而是发自内心地欣赏彼此。黄蓉绝顶聪明、古灵精怪，而郭靖却憨厚老实、笨笨呆呆，两人的性格和为人都不相同，甚至可以说处在两个极端。那么，既然毫无相似之处，为什么还能和睦恩爱地在一起呢？这段爱情如此神奇，两个人相处越久，关系反而越亲密。

思索一番，最后得出结论：二人幸福的秘密之一，也许就在于悦纳彼此的缺点，看到对方的优点。众人皆笑郭靖“笨”，可在黄蓉眼里却是“坦诚憨厚”；江湖皆言黄蓉“刁蛮”，而在郭靖心里却是“率真直爽”。他们并不希望从对方身上索取什么，而是带着善意包容对方的不足。走到后来，他们对彼此的爱愈发变得笃定而从容，反笑世人看不穿。

如此一来，也难怪剧中有这么一幕——穆念慈问黄蓉：“妹子，你心中已有了郭世兄，将来就算遇到比他人品好千倍万倍的人，也不能再移爱旁人，是不是？”黄蓉答：“那自然，不过不会有比他更好的人了。”

这是多么令人羡慕的信念啊。

其实从郭靖和黄蓉的爱情里，我们甚至可以得出一个有趣的结论：爱情不是两个人的事情，而是自己和自己的事情。

☑ 过度的执念只会心生间隙

在亲密关系的互动中，当我们心中有足够的爱时，便可以去包容和接纳对方；相反，当我们希望获得称心如意的伴侣，甚至渴望伴侣完全成为自己心中的模样时，其实就是在把幸福寄托在了对方身上，认为只有对方才能给自己幸福。这种执念如果过度，就会变成水中捞月，让两个人都得不到幸福。

如果总因为伴侣没有满足自己的需求就感到失望、愤恨，那么应该自我反思一下，是不是我们内心缺乏自爱与自信？我们无法自己给自己足够的快乐，以至于总是放大另一半的缺点，以此来给自己的不痛快做解释。还有一些朋友，因为小时候没有亲近的人（例如父母）来满足自己的需求，进而可能会觉得这个世界没有足够的爱，所以希望从伴侣身上得到补偿。一旦得不到，就会使从前的想法进一步加固，乃至牢不可破："果然没有人爱我，世界没有爱，世上所有的人都没有爱！"这其实是让人很心疼的、本不该有的执念。

分享了这个观点之后，大家都安静下来沉思。

过了一会，霞霞若有所思地说："好像他……也没那么差。我先生一直很木讷，感觉除了赚钱也不怎么顾家，但其实是我没有看到他在用行动爱我。"

她开始历数先生对她的种种呵护：

"为了我随口一句念想，他可以马上开车去我娘家取我最爱吃的海鲜特产，路上要开整整两个小时的车。

"有次我的电脑出了故障总闪屏，他把电脑让给我用，自己拿着10斤重的老电脑一个城市接着一个城市去出差，无怨无悔。还是后来不经意间提到在酒店用那台老电脑时光开机就等了10分钟，我才知道了这件事。

"我本来在外企工作，收入很高，转行到教育行业后，从零开始，打拼了5年多，收入都没有在外企高，就这样沉在谷底很久都没有起色，当时面对上有老下有小的家，我感到特别愧疚。他就一句话：'没事，做你喜欢的事情。'然后一个人'扛'起了整个家……小区的停车费要800块钱，为了省钱，他有一年整整一年都把车停在免费停车场，然后再坐地铁回家，来回要一个半小时。

"还有，每次他出差回来，大清早就起床，说睡不着了，跑去市场把一家人爱吃的食材都买齐。其实结婚之前他很喜欢睡懒觉，早上起不来。但不知道从什么时候开始，他总是早早起床，为了家开始奔波忙碌，而我却身在福中不知福，觉得这是理所应当的。一个人心里要装多少爱，才能做得这么面面俱到，而且日复一日，无怨无悔。他是为了我能更安心打拼，为了这个家，才这么努力赚钱的啊。”

此时的霞霞说起她原本并不欣赏的先生时，眼里闪烁着爱的光芒，声音也变得哽咽了。

也许伴侣身上的有些“缺点”，只是因为我们没有带着爱和初心去理解。为了家和另一半，或者为了自己的梦想而选择改变的人，或许会变得忙于事业，或许会变得不善言谈，或许从某些角度看来会有很多缺点……但是世人可以误解，爱人却不可以离开。真正的伴侣，应当珍重彼此一同度过的岁月，深知彼此在这段时光里为何改变、如何改变，而不是某个时刻突然指责对方不尽人意。爱人之间应该彼此理解和尊重，并且即便在困难时刻也能够坚定不移地爱惜对方。

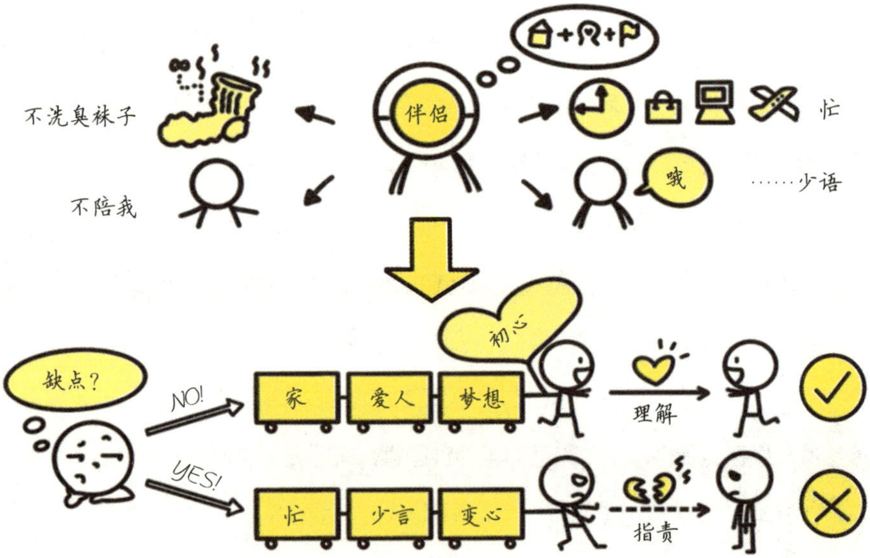

那么，如何接纳彼此的不足，同时看到彼此的优点呢？

1.给对方列出优点清单，感恩对方的付出

在闲暇时刻养成习惯，把爱情带来的种种甜蜜全都记录下来，把对方可爱的、努力的、傻气的、讨厌的……每一面都留存下来，然后将它们放在两人都能看到的地方，没事翻看、留言，这样可以为生活增加不少乐趣。最重要的是，它们可以唤醒彼此爱的能力，提醒彼此珍惜两个人一起为了家共同努力的岁月。霞霞若能时常留意和记录先生的爱，及时调整情绪，修正对先生的感情，估计就不会因为心情沉重而爆发情绪，进而指责先生不浪漫了。

还记得郭靖和黄蓉的爱情里有这样一个细节。郭靖和王处一在酒馆里，杨康派人送来点心，请他们去王府一聚。郭靖看到点心后，第一时间就想到了黄蓉。他拿来一块布，小心翼翼地为黄蓉包了几块点心，可惜后来背着王处一从赵王府出来的途中，点心被压烂了。黄蓉看到点心虽然都成碎渣儿了，却非常感动，默默想道："我生下来就没了娘，从来没哪个人像你这样记着我……"想着，眼泪便流了下来。郭靖时刻惦记黄蓉，黄蓉也总能感知郭靖的心意。他们彼此都为对方着想，所以在外人看来十分普通甚至傻气的小事在他们眼里却是珍珠一样可贵的心意，如此才能相爱相守几十年。

2.不要随波逐流，用心判断伴侣的"缺点"

不要跟随世俗眼光人云亦云，不要因为别人说你伴侣没情趣，你就回家生闷气，暗暗嫌弃他；也不要因为别人说你伴侣很多金，你就暗自得意，觉得伴侣很优秀。正如硬币都有正反面一样，没有绝对的优点，也没有绝对的缺点。有人说

老婆很懒，换个角度就是她很会照顾自己；有人说老公很抠门，从另一方面看就是他很节约。

当你对另一半作评判时，要用爱人的独特视角去审视，用你的感受去评价。伴侣的情趣一定要是玫瑰花吗？也许藏在他一大早跑出去买来的早餐里。伴侣有钱就很优秀吗？在别人看来也许是，但如果对你不闻不问，那他就不是一个合格的爱人。

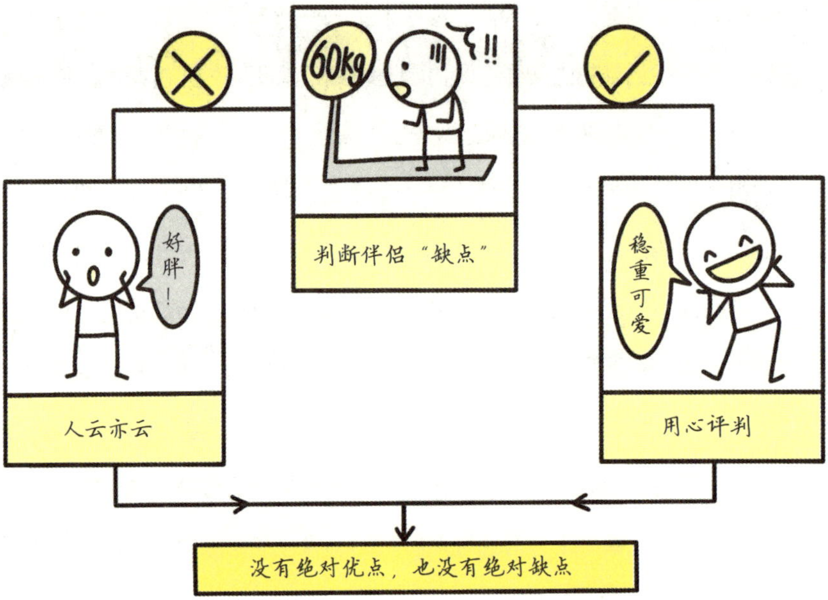

霞霞的先生忙于加班赚钱，在外人看来也许很上进，但如果霞霞感受不到关怀，自然可以提出自己的需要，要求先生多陪伴自己。实际上，她的先生一直在生活中默默关怀着她，只是不善于表达而已，所以霞霞应该为有这样顾家、贴心、勤劳的先生而自豪。因此，重要的不是表面的“缺点”，而是要看这位先生是否真的爱霞霞，霞霞又是否听了世俗的评价对对方造成了误解和压力。

3.自爱、自信、自得其乐，不要把所有快乐寄托在伴侣身上

《亲密关系》一书中说过这样一句话：“寻找真挚永恒的亲密关系，其实就是寻找自我。”当人们学会接纳自己、爱自己时，内心就会越来越从容、平和，灵魂也会越来越独立。当生活中有很多快乐的来源时，你就不容易对伴侣有过度的要求和期待。有人说，伴侣就是那个让自己快乐的人，其实倒不如说，伴侣是陪你见证快乐的人。我们要学会爱自己，找到人生的意义，这样才能真正地、长久地快乐下去；而伴侣需要给你的是支持和尊重，而不是为了你变成另一个人，也无须为了你失去自我。

霞霞的先生为了支持霞霞的新事业而努力赚钱加班，为家默默付出，最后失去了创造浪漫生活的能力。可是霞霞抱怨的时候，是否想过，也许是她不懂得为自己创造快乐，而一味地期待先生给予所有，才导致了让她不满的结果？换个角度看，难道当初的浪漫真的无可替代吗？给家里买一捧花不能使自己快乐吗？先生一大早买的早餐不是浪漫吗？对霞霞来说，最重要的不是先生要做出改变，而是她自己要首先认识自己、爱自己，从而使自己在多变的生活面前更加游刃有余。

伴侣固然有缺点，可是每个缺点也是生命的一部分，对应着一份生命礼物。作为爱人，只有真心理解它、拥抱它，才能让彼此都活出完整的生命。

杨洋博士有话说

★ 列出优点清单，感恩对方的付出
★ 用心判断伴侣的“缺点”
★ 自爱、自信、自得其乐

家庭幸福，需要用心去经营

经营一个家庭就像经营一个小小的家庭银行一样，家庭成员都需要不断地往里面存入“爱”，彼此之间多想着其他成员，多奉献而不是只索取。当这个小小的家庭银行里有了丰厚的积累，整个家庭都被“爱”“理解”“奉献”填满时，每个家庭成员才能真正获得幸福。

爱的经营		
八种爱的语言	内容	行动计划
1.爱的语言	肯定、祝福、鼓励、幽默、称赞、崇拜、感恩、示弱、撒娇、欣赏、思念、写信	
2.爱的服务	照顾、指导、帮助、分享、陪伴	
3.爱的礼物	节日礼物、日常小礼物	
4.爱的仪式感/时刻	生日、结婚纪念日/重要时刻	
5.爱的肢体接触	注视、抚摸、拥抱、牵手、性的满足	
6.形象气质	穿着、发型、体型、体重、气质、饰品	
7.共同体验	游戏、生活、苦难、学习、公益、旅游	
8.物质保障	现金、存款、车、房、保险、兴趣爱好、生活保障	
四大基本准则		
尊重	接纳、友善、倾听、自由、理解、同理心、敬语、宽容、原谅	
信任	语言积极肯定、鼓励赞美、认可支持	
温柔	眼神柔和、笑容、语气和缓、语音30～40分贝、耐心倾听、陪伴	
快乐	幽默、歌唱、体育、艺术、玩耍、娱乐	

夫 妻 篇

认识爱的规则，修炼爱的能力

第 3 章

情感温度计，今天的我比昨天爱你更多一点

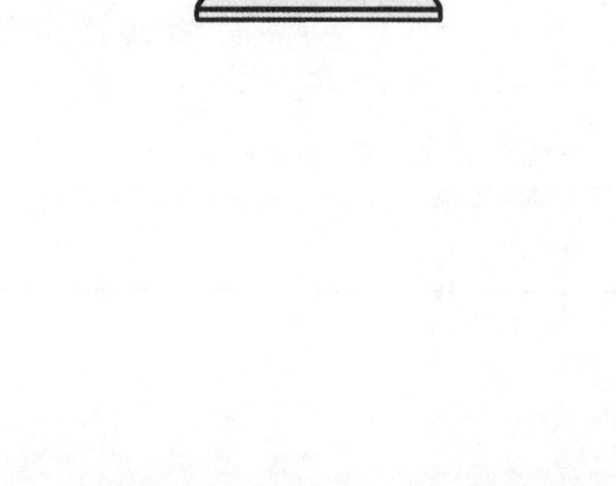

Start ▸ 01

夫妻间相互认可非常重要，从小事开始称赞他

场景 ▸▸▸ 01

小玲和丈夫苏苏利用国庆假期自驾旅行，到了目的地后，当两人兴冲冲地去往既定的景点时，却发现需要提前在网上预约门票。

✕

小玲：你说你提前做好攻略，这就是你的安排？！

苏苏：可别人的攻略没提需要提前预约啊。

小玲：那现在进园的这么多人呢，人家怎么知道提前预约的？

苏苏：那我哪儿知道。

小玲：你永远都是这样！从来都计划不好！无能！大老远的来了，进不去，你还有理了！什么你也干不好！

苏苏：以后再也别一块出门了！

小玲：不出就不出！谁稀罕！跟你一块儿过，还不够生气的……

在长达5年多的时间里，我见过太多的夫妻由相爱到相互伤害，再到彼此离场。在为他们感到难过的同时，更多的是遗憾。根据大数据统计，婚姻不幸福的原因排名第三是性生活不和谐，第二是金钱原因，而第一竟然是夫妻双方缺乏沟通、彼此不认可。

本次个案中的女主人公玲玲痛心疾首，不停地向我哭诉丈夫懒惰，不负责任，在公公婆婆面前从来不维护她。而且在和丈夫发生冲突的时候，男方甚至还会动手打她。高学历硕士毕业的丈夫，听着玲玲的控诉却意外地保持着沉默，等到玲玲控诉完，丈夫才激动地说道："她总是点燃我的暴力！自个儿找的！本来好好的，她动不动就生气，生起气来口不择言，唠唠叨叨地说个不停。她从来没有认可过我的付出，只看到我做得不够好的地方，沟通起来没有一句好听的，我容易吗？！国庆节出游我没有提前预约门票，就为这个，她在景区门口破口大骂。"

☑ "以暴制暴"是最低级的沟通方式

在整个争吵过程中，我看到了他们夫妻两人相处的模式：女方喜欢使用语言暴力，男方因为受不了语言暴力转而开始使用肢体暴力来还击。同时，我也看到了两人相处中带着各自在其原生家庭中没被教育好的一面，或者说是自身的不足之处，以此来作为攻击对方的武器。比如说，男方不懂得正确表达自身感受，遇到事情要么沉默到底，要么进攻到底；女方不懂得控制自身情绪，遇到事情就开始使用语言暴力，用语言攻击对方、激怒对方，而且每一句话都犹如一把利刃，摆出誓要把对方置于死地的态度。玲玲和她丈夫的相处模式，恰恰违背了男女个体差异的原理。

世界著名理论“家庭系统排列”的提出者海灵格先生认为，男人服务女人，女人跟随男人，这是符合家庭序位、让家庭和谐运作的非常重要的“身份定位”。若家里的男人得不到妻子的崇拜，女人得不到丈夫的宠爱，那么家里的冲突和争执就会特别多。

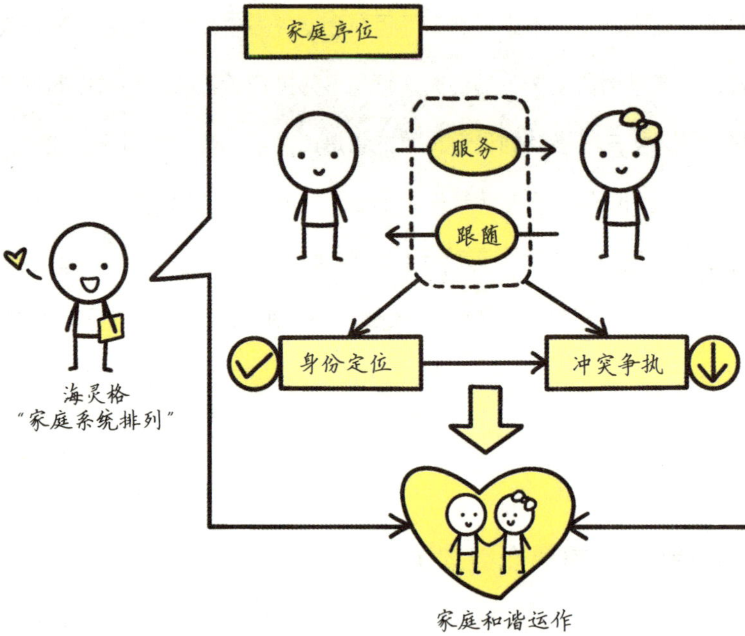

☑ 妻子受宠爱，丈夫受崇拜

那么，如何让妻子感受到宠爱，如何让丈夫感受到崇拜呢？

心理学家桃乐斯·狄克斯说：“在你会赞美之前，不要结婚。婚前赞美女人，是一种必然，婚后赞美女人，就是一种必要以及安全的事。婚姻不是一个随便的地方，它是一种外交场合。如果你想每天得到快乐，决不能责怪你太太的治家本领，也不能拿她和你的母亲作不利比较。相反，你要经常赞美她把家治理得井井有条，而且要公开表示你很幸运娶了一个既有外在美、又有内在美的女人。甚至当牛排被烹饪得像牛皮，面包被烤得像黑炭时，也不要抱怨。只要说这些东西做得没有平时那么好，她就会在厨房里拼命努力，以便达到你所期望的程度。”

所以说，夫妻如何相互认可非常重要。从小事开始称赞彼此、认可彼此、肯定彼此，这样可以让家里充满欢声笑语、充满爱。那具体方法是什么，具体行动是什么呢？我给大家列出下面五个建议。

1.把赞美具体化

跟大家分享一个小笑话，有位中国商人带着自己的妻子和一位外国客户见面，外国客户夸他的妻子很美，这时翻译把这句话传达给了中国商人。商人很谦虚地说：“哪里哪里。”想不到翻译把这句话也译给外国人了。外国人听到后心想：中国人不是很谦虚吗？夸他妻子漂亮，他还问我哪里哪里？于是便如实回答了：“这个项链搭配你妻子的肤色显得十分高贵，你妻子的牙齿很白皙，头发乌黑发亮也很柔顺。”

这时候大家都知道是个误会了，便哈哈大笑。这个小笑话也告诉我们，称赞自己伴侣时不要太宽泛，比如“你很棒”“你很厉害”，而是要细化到具体的事情、情节。比如“我看你每天回家都主动做饭，你真是个付出型的好老公”。本次个案中的玲玲每次过来做辅导，她丈夫总是陪伴着她，这也是一个明显的优点，值得肯定和称赞。玲玲便可以对她的丈夫说：“每次过来辅导你都积极配合，说明你也很想和我一起改变，谢谢你，我爱你。”

2.赞美对方的四个维度

如果有时候我们不知道从哪些方面去称赞对方，那么可以考虑从这四个维度赞美：第一，外在的形象，例如对装饰搭配、外在样貌等方面的肯定；第二，内在的品质，例如言行举止、内在修养等方面的肯定；第三，对方的新变化，例如穿上新衣服或换了新发型等方面的赞美；第四，对方的强项，可以是运动、游戏、工作等方面。最后，别忘了重要的一个原则：从小事开始给予对方肯定，不要吝啬你的赞美。

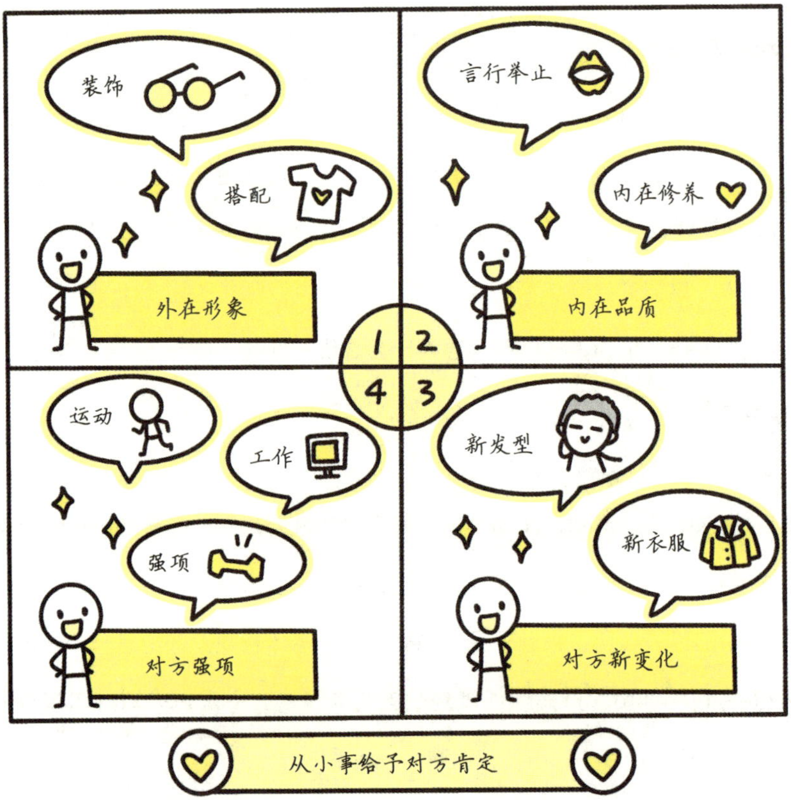

3.称赞希望对方改变的方面

我再给大家讲一个故事。从前，有一位非常喜欢雕塑的国王，名叫皮格马利翁。有一次，他用一块象牙精心雕刻了一个美女像，取名盖拉蒂。由于这尊雕像实在太完美了，以至于皮格马利翁逐渐爱上了自己的作品，他每天对着雕像倾诉绵绵情话，赞美她的容貌，真诚地希望她能够幻化成人形，成为自己的妻子。一天，皮格马利翁的痴心终于感动了爱神，雕像化作一位楚楚动人的美女。皮格马利翁的期望终于成真，迎娶了这位让自己朝思暮想的女子。

心理学有个非常有趣的效应——“皮格马利翁”效应，便是从这个故事里总结出来的，是指热切的期望与赞美能够产生奇迹，期望者通过一种强烈的心理暗示，使被期望者的行为达到自己预期的要求。所以说，通过欣赏和赞美我们的伴侣，他们便会更加愿意为我们调整和改变。当然，这建立在彼此真诚相待的基础上，再加上上述第一点：具体化的赞美。

4.肯定对方努力的过程

当我们看到对方努力的时候，便要去积极肯定，而不是仅仅关注最后的结果。若看到丈夫每天都在努力工作、为生活拼搏，尽管没真正富裕起来，但对于丈夫付出努力的过程，妻子也应该表达非常肯定的态度。正如个案中的玲玲，对于先生为家所付出的努力，若她能积极表达出肯定态度，而不是只关注结果或者丈夫还做得不够好的方面，那么她的丈夫便会表现得越来越好。如果实在找不到赞美的词语，那么可以通过简单的肢体动作来表达，例如竖起大拇指就代表认可和肯定，也可以通过简单的语言来表达。

5.借用第三者的话

如果双方实在羞于开口，不妨试试借用第三者的话来表达肯定，这也是一个非常实用的方法。例如对着丈夫说，我妹妹今天跟我说：“姐夫一下班就回来陪着孩子写作业，真是好爸爸。”这就是借用第三者的话来表达肯定。不过，我依然鼓励夫妻双方面对面直接表达对对方的肯定与赞美，没有什么比从心爱的人口中得到肯定更让人幸福的了。

希望上面五点小建议能让你学会在夫妻关系中赞美和肯定对方。夫妻间的相互认可十分重要，就像植物需要阳光，鱼儿需要水一样，夫妻间的相处离不开互相认可。从小事中赞美，把赞美具体化，无论如何牢记此原则。

杨洋博士有话说

★ 把赞美具体化

★ 赞美的四个维度

★ 称赞希望对方改变的方面

★ 肯定对方努力的过程

★ 借用第三者的话赞美肯定对方

Start ▸ 02

呵护偶尔消失，那是在释放内心的脆弱

场景 ▸▸▸ 02

晚上11点多，大部分人都准备休息的时候，浩浩看着从回家就瘫在沙发上一言不发仰望着天花板的老公华华，不由怒上心头。

✕

华华：累了，歇会儿。

浩浩：每天就你累，我也一样上班，回来还得做家务。我就不累?

华华：你累你也歇着。

浩浩：一天天的，回来就一言不发，谁惹你了!

华华：就是想歇会儿。

浩浩：歇歇歇，整天就这几个字！这还是个家吗？天天连句话都没有，就好像我自己和自己过日子!

最近，一位名叫浩浩的来访者精神上感到非常崩溃，痛苦又无奈地向我诉说着她的“丧偶式婚姻”——在内，她不仅要操持家中大小事务；在外，还要兼顾工作中的复杂人情世故，而她的丈夫总是早出晚归，只会一股脑儿想着赚钱，回到家中就郁郁寡欢、沉默寡言。

在家中一看到丈夫这种状态，浩浩就特别来气，经常忍不住冲着丈夫发火，家中的“战火”导致男方回家的时间变得越来越晚，出差也越来越频繁。她说这种日子过不下去了，现在就等着离婚。虽然表面上他们看起来相安无事，但两人生活已经支离破碎、千疮百孔了。听到这里，我也对她的经历感到十分同情。

其实，在我接到的很多个案中，类似浩浩这种情况的不在少数。当代女作家张小娴说过，女人需要关心，男人需要赞美，但现实生活中，已婚女性通常承受着来自工作和家庭的双重压力。在与丈夫相处过程中，她们与丈夫很多时候都会互相抱怨、指责。在这样的夫妻关系中，男方得不到妻子的赞美，女方的不易与付出也得不到对方的认同和关心，从而导致夫妻之间的冲突越加频繁，慢慢地，双方就将抱怨和不满烙在了心中，进而逐渐由怨生恨。

☑ 男性与女性面对压力的处理方式不同

《男人来自火星，女人来自金星》这本书被誉为“恋爱宝典”。

书中说道：来自火星的男人偶尔的沉默并不代表他不再爱对方，它只是男人自我调节的需要。来自金星的女人，她们的语言更多是在表达情感，抒发情绪。不论是如胶似漆的热恋情侣，还是相濡以沫的老夫老妻，都因各自思维方式存在的必然差异而在相处中需要各种磨合。这就需要男女双方必须适应彼此的沟通模式，在此基础上积极去表达自己的需要，而不是去指责和抱怨。

男女之间的差异使他们对情绪的处理方式也会有所不同。比如，男性很少表达自身情绪，他们往往会积压情绪。根据书中所提到的相处模式，女性要学会呵护男性偶尔的沉默，那也许只是他在释放内心的脆弱。

据国家卫健委2018年统计，中国女性的平均寿命是77.37岁，而男性只有72.38岁，差了整整5岁。

而美国的一项统计更有意思，他们做了一个纵向比较，1920年的美国女性比男性的寿命只长了1年，2018年的女性平均寿命却比男性长了7年，也就是说，男性和女性在平均寿命上的差距在近100年间增加了6倍。（数据来源：美国国家卫生统计中心于1991年发行的《生命统计报告月刊》）

之所以会出现上面情况很大程度上与心理有关，相较于女性而言，男性在面对压力时不善于向他人倾诉，他们更倾向于通过成瘾行为来排解自己的情绪。

从儿童青少年的游戏成瘾，到成年人的酗酒、赌博、抽烟等，这些成瘾行为都有着鲜明的性别特点——群体均以男性居多。因为女性在面对压力时更愿意去向他人倾诉，互相分享自己的看法与感受。同时，相比男性，她们也更能准确地表达自己的感受，从而更容易在群体中获得支持。

而男性，在面临压力时，他们更倾向于以“战斗或逃跑”的方式来回应，战斗方式容易导致冲动行为的发生或者使自己精疲力尽，而逃跑方式则更可能回避或者压抑自己的情感，倾向于独自承受痛苦。

除此之外，男性很容易忽视情感表达与沟通在家庭生活中的重要作用。在情感表达方面，男性倾向于内敛型。当婚姻或者情感出现问题时，他们大多会采用压抑、回避、情感隔离的心理防御方式来应对。所以说，男性不表达自身情绪、女性不控制自身情绪是导致婚姻不幸福的关键所在。

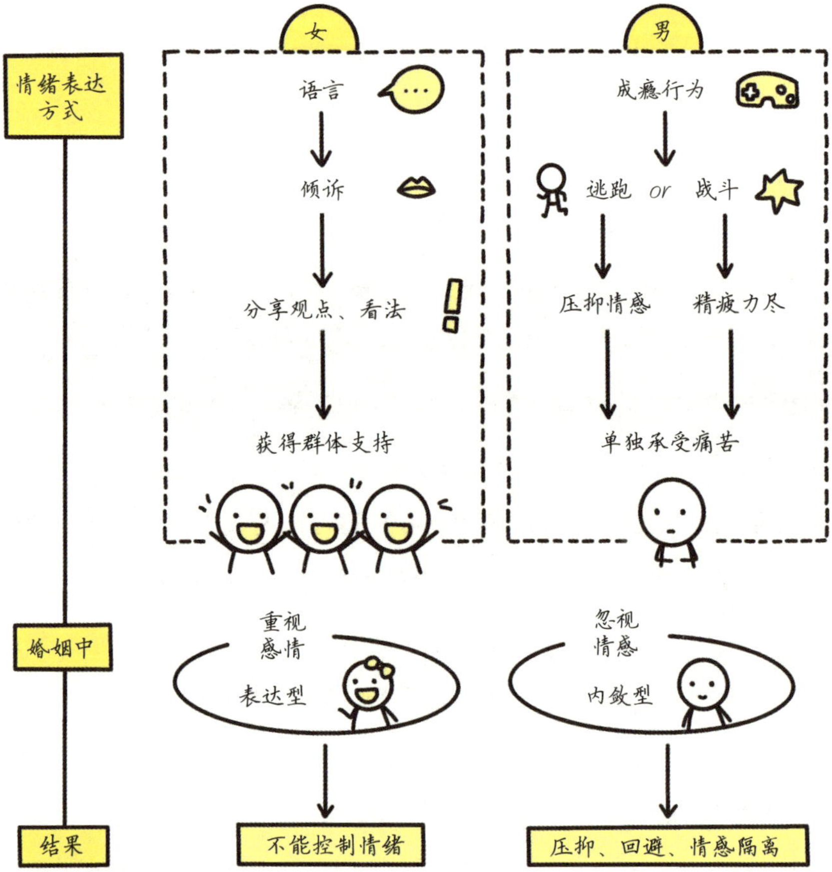

男人的偶尔沉默也需要好好呵护

那么，如何做才既能呵护男人偶尔的沉默，又不影响彼此的幸福感呢？下面我给大家列了三点，不妨参考学习。

1.学会守护男性的脆弱

在许多男性同胞看来，他们不是不会表达脆弱，只是他们有太多担心，担心别人认为自己太软弱，害怕被指责太无能，害怕被认为没有领导力等，这些心理因素都会让他们始终处在不安与焦虑之中。所以作为女性，当看到男性展示出他们脆弱一面的时候，我们要学会允许和接纳。人们常说，女人就如钻石一样，美丽又多面。当男性像孩子一样脆弱的时候，我们可以将自身角色转化为母亲，学会安抚他、陪伴他。就如这次案例中的浩浩一样，因为她的丈夫收入不高，导致其一直很自卑，所以也使得他为了赚到更多钱而一直都在外面拼搏。若浩浩能够看到他这点，并给予情感上的支持和鼓励，让丈夫体会到患难与共的感觉，那他们便更容易接纳对方。呵护男性偶尔的沉默，因为那是他释放内心脆弱的方式。

2.男性需要被崇拜，女性需要被宠爱

如今，现代女性被赋予了更多的责任：在婚姻和家庭中，要为家庭中的大小事务忙碌和付出；在如战场的职场中，也得处理各种繁琐事物和各种复杂的人际关系。多重身份及繁琐事物导致很多女性在回归家庭生活时忘记了切换身份，误把职场身份带回了家，无意间“摆”出领导一般高高在上的架势，这种情况使得男人感受不到被崇拜的感觉，进而夫妻关系慢慢疏离。所以说，身份定位在夫妻关系中非常重要。

女性在家中需要谨记自己这几个身份：孩子的母亲、丈夫的妻子、公公婆婆的儿媳。而男人在家中同样需要记住自己的身份：孩子的父亲、妻子的丈夫，父母的孩子。只要双方都记住一点：不把工作的身份带回家里，自己的位置对了，双方关系就自然好了。

同时，女性也要学会欣赏和赞美男性。男人最喜欢的礼物且最热爱的事情就是自己被赞美、被崇拜。在和男性相处中，不妨时常给他送上一顶“高帽”——称

赞他、崇拜他，给予他们女性仰慕的眼神。除了给予他们赞美，也要给予他们心灵的安慰，让对方知道，你会与他同甘共苦，你是他心灵的救赎。那么，如何让女性感受到自己被宠爱呢？其实很简单，多给予女性亲吻和拥抱，只要发自内心地表达出自己的爱意就足够了，因为每位女性心里都住着一个需要被别人宠着的小女孩。

3.把爱存入情感账户

打个有趣的比方：夫妻相处时彼此之间存在着一个情感账户，当账户里有钱的时候，哪怕吵架吵得再凶，很快便能和好；当账户里余额不足时，就算再甜蜜的举动也无法燃起双方的激情。以下这些小举动都是在向情感账户里存钱。

（1）每周选择一天，放下手中一切事务，为对方预留一段精致的独处时光，比如一起运动、饭后牵手散步、看一部浪漫的电影等；

（2）在生活中为对方服务，做对方希望自己做的事情。就如案例中的浩浩希望丈夫每天能为她做晚饭，饭后主动刷碗。我们也可以主动为对方做一些家务等服务；

（3）养成为对方送礼物的习惯。时不时给对方送上小礼物，这样会使夫妻关系增进不少；

（4）保持身体上的接触。夫妻之间每天都需要有身体上的接触，这是彼此爱的语言，比如简单的一个亲吻，疲惫时的一次按摩等；

（5）把感恩的话语挂在嘴边，感恩遇见、感恩照顾。

以上这些行为都可以将增进夫妻关系的“金钱”——爱存进情感账户中，当账户中的爱足够多了，彼此关系也就更牢固了。

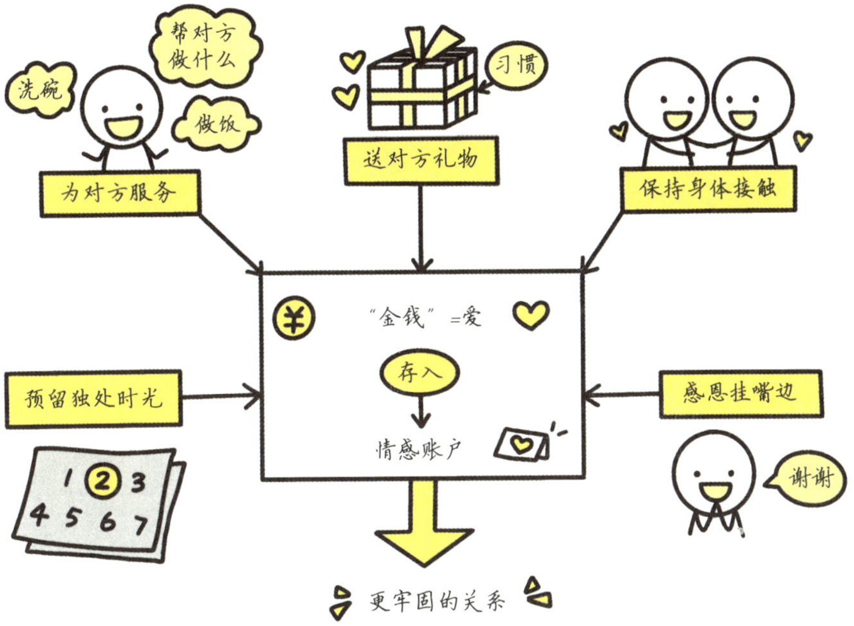

在夫妻之间的相处中，互相呵护、彼此坦诚非常重要。以上三种方法能让夫妻关系有所增进，从而使彼此成为更亲密的爱人。

杨洋博士有话说

★ 学会守护男性的脆弱

★ 男性需要被崇拜，女性需要被宠爱

★ 把爱存入情感账户

Start ▸ 03

偶尔把他当孩子宠，平淡生活也要浪漫

场景 ▸▸▸ 03

周末，雯雯看着外面阳光灿烂，秋意正浓，正好和老公乔乔很久没出游了，就想一起去郊外赏赏秋色。

雯雯：老公，今天天气不错，咱们出去转转吧。

乔乔：大周末的，在家歇歇吧。

雯雯：我们好久都没一起出去玩儿了，正是赏红叶的好时候，出去吧。

乔乔：去哪儿啊，哪儿都是人，人比叶子还多呢。

雯雯：出去吧，转转就回来。

乔乔：不去了，我还有篇稿子没改，忙着呢。你约同事们去吧。

雯雯：你越来越没劲了。

最近听到闺蜜雯雯诉苦："我觉得现在老公越来越没意思了，生活太无趣了，我都不知道要和他说什么，一开口就是忙，真的太无聊了。"后来问过男性朋友们，得到的回应也和妻子们相仿："老婆上班围着工作，回家围着孩子，生活的激情早就被磨没了。"

记得之前有一档节目，丈夫不理解妻子为什么一把年纪了还非要坚持离婚。在调节员的再三追问下，女方说出了心里话："这么多年，我真的受够了，结婚25年，家务从来都是我在处理，家里的事他什么都不管，除了打麻将，把工资交到我手上，他从来不在乎我在想什么。"

男的坐在椅子上，沉默不语，然后来一句："都这么多年了，我就是这样一个人，你应该清楚。"

女人说："你不知道这么多年我一直在煎熬、在忍受吗？什么结婚纪念日、情人节、我的生日，你从来都不会有所表示，看到别人都有老公送东西，而我每次都希望落空。"

"这种生活小年轻才喜欢吧？我们都一把年纪了，有什么好表示的。"

其实生活中很多人都和这位丈夫一样，当生活趋于平淡的时候，觉得柴米油盐之外的事情都是在浪费时间，他们忘记了最开始的浪漫和仪式感，但这恰恰是婚后女性所需要的东西。

无论是之前诉苦的闺蜜，还是电视上濒临离婚的夫妻，他们都没有为生活赋予仪式感。而仪式感的意义就在于，用庄重认真的态度去对待生活里看似简单无趣的事情。

《小王子》里有过一段经典的桥段。对于小王子的拜访，小狐狸提议："你每天最好在相同的时间来。比如你下午四点钟来，那么从三点钟起，我就开始感到幸福。时间越临近，我就越感到幸福。到了四点钟的时候，我就会坐立不安，我就会发现幸福的代价。但是，如果你随便什么时候来，我就不知道在什么时候该准备好我的心情……应当有一定的仪式感。”小王子不解地问：“仪式感是什么东西?”小狐狸说：“仪式感是经常被人们遗忘的事情。它能让某一天与其他的日子不同，让某一时刻与其他时刻不同。”

☑ 哪怕是最简单的仪式感，也会让生活充满美好

村上春树说：仪式感的目的，就是让自己感觉是在生活。而那些给你带来仪式感的人，往往都是爱你的人。根据性格色彩分析，红色性格的人天生就比较浪漫和爱玩，生活中比较有趣，因而能让伴侣感受到浪漫。而蓝色性格的人则注重规则和条例，黄色性格注重结果，他们都可能会让伴侣觉得无趣。

那么在日常如何为伴侣创造充满仪式感的生活，让平淡的生活也充满浪漫呢？在这里给大家三点建议，可以用三个字“眼、心、态”去经营每天的小日子。

1.“眼”，用眼睛去发现

世界上并不缺少美，而是缺少发现美的眼睛。身边有一个朋友就很善于观察和发现，他知道妻子特别喜欢收集各种各样写字的笔记本，于是他每到一个地方出差都会给妻子带回印有各地风土人情的笔记本，比起花大价钱给妻子买些常见的珠宝首饰，很显然这样的礼物更能让妻子感受到被宠爱的感觉。除此以外，他还在一个网购平台买了“相爱的100件事”的日历，这个日历上的100件事囊括了文艺、生活、旅行、运动等饶有趣味的事件，他们把这个日历放在桌面上，彼此约

定每周都做一件。不知不觉中，周末成了两人最期待的日子。

每一个仪式感需求的背后，都藏着一份爱的表达。

一些暖心的约定和细节就能传递关爱与亲昵，换个视角看生活，感觉就会完全不同。生活中的仪式感，无处不在。

就像开头讲述的那对上电视调节的夫妻，如果丈夫在情人节送一束玫瑰，在纪念日买一块蛋糕，在新年零点到来时给妻子一个拥抱，我想他们的生活应该会过得更加精彩。有时候一句简单的问候，一次简单的亲吻，一杯随手递来的开水，它们都是平淡生活的调味品。看似简简单单的举动却充满着仪式感。

仪式感让生活成为生活，而不是简单的生存。人生需要仪式感来唤醒灵魂，仪式感让人活得庄重。用眼睛发现伴侣的需要，营造属于彼此的仪式感吧。时间千篇一律，生活各有不同，而仪式感创造的就是只属于彼此的与众不同的生活。仪式感是对生活的珍重，它提醒我们生命中重要的人和时刻，并从中感受到爱、希望和生生不息的力量。

2. “心”，用心去坚持

身边有一对公务员夫妇，虽然工作很忙，但他们每年12月31日那一天都会交给对方一封信，信里写着过去一年彼此共同度过的印象深刻的时光。信件封存在箱子里。每当有矛盾时，他们都会把信拆开去阅读。看到彼此在过去一年如此艰辛都携手走过来了，想想还有什么好计较的呢？因此很快就释怀了。这样的习惯他们已经坚持了十多年，看上去只是简简单单一封写给彼此的关于过去一年的信，却让双方少了争吵，多了理解。

也有人说仪式感只会在新鲜的时候才有，时间久了，不管是谁都会少了仪式感。而萧山一位老大爷用实际行动证明了仪式感不分年龄。大爷为了给75岁的老伴过一次生日，他在孙子的指导下买了一车的零食，还用气球和彩灯点缀装饰，他说老伴永远是自己心中的小姑娘。看到这一幕的大妈嘴上唠叨着“怎么买这么多东西，少买一点，浪费钞票”，但脸上却是止不住的笑意。所以仪式感是不分年龄不分时间的。

在一定程度上，仪式感就代表着满满的安全感。每个人表达仪式感的方式尽管不同，但爱都是相同的。所以，用心去经营属于彼此的仪式感吧！

3. “态”，学会变“态”

当然，这里说的变“态”指的是改变身份。

夫妻生活就如同钻石的很多面，如何让每一面都熠熠生辉，让对方感受到家庭的温暖和生活的浪漫呢？学会改变身份尤为重要。

在钱钟书眼中，杨绛不仅仅是一位好妻子、好朋友，有时候还是一个可以依赖的“母亲”。每次他弄坏东西的时候，总是急急忙忙地跑去跟杨绛说。而每当这时，杨绛总是一边轻轻地安慰他，一边帮他处理好小麻烦。正因为杨绛能够适时改变自己的身份，站在对方角度考虑问题，才会让自己的丈夫更依赖和宠爱自己。

在生活中，有一个朋友经常说自己是个变“态”高手，特别擅长转变身份。在老公情绪高涨、想要喝酒畅快人生的时候，她就从妻子转变为哥们儿，陪老公把酒言欢；而在老公情绪低落时，她又转变回亲人身份安慰他，听他倾诉，为他解难。就这样，她的小日子过得甜蜜有趣。由此也可以看出，无论男女，其实仪式感都是非常重要的。

美剧《绝望的主妇》里有这样一段话：无论身心多么疲惫，我们都必须保持浪漫的感觉，形式主义虽然不怎么棒，但总比懒得走过场要好很多。

所以，把伴侣当孩子宠爱，平淡生活需要浪漫，需要仪式感去滋养，这样小日子才会更加甜蜜。

杨洋博士有话说

★ 用眼睛去发现对方的需要

★ 用心去坚持彼此的相守

★ 根据对方的需求，适时学着变“态”

亲密关系中的“稳固三角关系”

大家都知道，力学中三角形的结构是最稳固的。家庭关系也是这样，在这里，我们就来了解一下亲密关系中的“稳固三角形”。

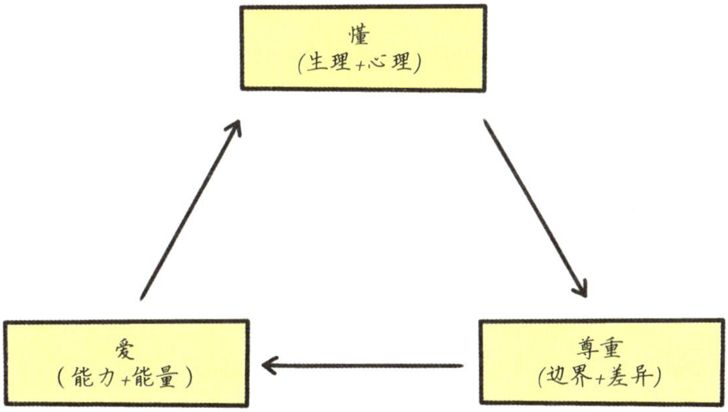

其实，看到图之后应该很好理解，在懂得对方心理和生理需求的前提下，尊重对方的边界和差异化，用爱去感染和赋能对方。这样一个循环，才是最稳固的亲密关系。

亲子篇

不骂不吼，带出高情商孩子

第4章

你的一言一行，决定孩子的思维方式

Start ▸ 01 区分“鼓励”和“表扬”，夸奖也有学问

场景 ▸▸▸ 01

周末，冈冈不用上幼儿园，可他没有睡懒觉，起得很早，于是有了下面的对话。

✕

冈冈：妈妈，今天我没有睡懒觉，我是不是很棒？

妈妈：是呀，冈冈最棒了！

冈冈：爸爸，我今天不上幼儿园，可是没睡懒觉。我是不是特别棒？

爸爸：好儿子，你太棒了！

冈冈：奶奶，今天周末我还醒得这么早，棒不棒？

奶奶：冈冈真是我的好孙子，太棒了！

冈冈：爷爷，爷爷，我不睡懒觉，棒不棒？

爷爷：乖孩子，冈冈最棒！

在火车上，我认识了4岁的冈冈。他长得机灵可爱，但有个习惯让家长很苦恼：喜欢被大人夸奖。吃饭的时候，需要爷爷奶奶夸他“真棒”，还要爸爸妈妈也竖起大拇指夸“真棒”，少一个人给他点赞，他都不吃饭。妈妈哭笑不得地和我们说，冈冈的要求很“严格”，哪怕爸爸出差在外都要爸爸在电话里夸他，直到听到爸爸的夸赞后他才会去吃饭。虽然听起来有些好笑，可是冈冈妈妈眼里却藏着深深的担忧。

表扬过度会起反作用

无独有偶，邻居也反映她14岁的女儿希希做什么事情都没有动力，抗挫能力不足，总要得到表扬才去做。邻居反思说，大概是因为孩子从小到大都得到了父母不遗余力的表扬，长期如此，孩子反而失去了内在动力，做什么都只是为了博取父母的赞赏。

为了让孩子按照家长的想法来做事，家长每次都开启“全家猛夸”模式，这样做，最终反而让孩子对表扬“上瘾”，对此我觉得很遗憾。孩子依赖于他人的认可，这是有隐患的：一方面，他们很难主动去做事，另一方面，他们也很难为自己所取得的成绩发自内心地骄傲，因为他们已经习惯依赖和等待别人的认可了。

其实很多时候，家长没有分清“鼓励”和“表扬”的区别，他们不断地滥用表扬，长此以往，不仅会给孩子造成很大的困惑，同时也会无意间剥夺孩子的自主意识。

夸聪明还是夸努力？效果大不同

在这里，有必要介绍一个著名的实验。

斯坦福大学著名发展心理学家卡罗尔·德韦克和她的团队为了研究“表扬对孩子的影响”这一课题，曾在纽约的20所学校里对400名五年级学生展开长期研究。在最初阶段的实验中，他们让孩子们独立完成一系列智力拼图任务。

实验的第一步是每次从教室里单独叫出一个孩子，进行非常简单的智力拼图，几乎所有孩子都能出色地完成任务。当孩子完成测试后，研究人员会告知分数，并附一句鼓励或表扬的话。此时，孩子们已经被提前随机分为两组，一组孩子得到的是关于智商的夸奖，即表扬，比如：你在拼图方面很有天分，你很聪明。另一组孩子得到的是关于努力的夸奖，即鼓励，比如：你刚才一定非常努力，所以表现得很出色。

随后是第二轮拼图测试，有两种难度供孩子们选择：一种较难，但在测试过程中可以学到新知识，另一种则是和上一轮类似的简单测试。结果发现，那些此前被夸奖为“努力”的孩子，有90%选择了难度较大的任务，而那些被夸奖为“聪明”的孩子，则大多选择了更简单的测试。

由此可见，被夸赞聪明的孩子往往不喜欢面对挑战。为什么会这样呢？德韦克在研究报告中解释道：“当我们夸孩子聪明时，等于是在告诉他们，为了保持聪明，不要冒可能犯错的险。”为了维持自己聪明的标签，孩子们倾向于躲避出丑的风险。

接下来是第三轮测试。这一次，所有孩子的测试内容相同，难度是初一水平。可想而知，孩子们都失败了。得到不同夸奖的孩子们，面对失败产生了差异巨大的反应。那些先前被夸奖努力的孩子，认为失败是因为他们不够努力，而另一组孩子则感到自己天分有限。这一轮测试中，德韦克团队故意让孩子们遭受挫折。

最后是第四轮测试，题目和第一轮一样简单，结局却出人意料：那些被夸奖

“努力”的孩子，在这次测试中的分数比第一次提高了30%左右，而那些被夸奖“聪明”的孩子，和第一次相比，得分却退步了约20%。

德韦克解释说：“鼓励（即夸奖孩子努力用功）会给孩子‘成功与否可以自己掌控’的感觉；反之，表扬（即夸奖孩子聪明）就等于告诉他们，成功不在自己的掌控之中。这样，当他们面对失败时，往往束手无策。”

在对孩子们的追踪访谈中，德韦克发现，那些认为天赋是成功关键的孩子，会不自觉地看轻努力的重要性。这些孩子会如此推理：因为我很聪明，所以我不用那么用功。他们甚至认为，努力很愚蠢，等于向大家承认自己不够聪明。

德韦克的实验重复了很多次。她发现，无论孩子有怎样的家庭背景，无论是男孩女孩，无论是上了小学还是尚处于学龄前，都承受不了被夸奖聪明后又遭受挫折的失败感。尤其是成绩好的女孩，遭受失败时受到的打击程度更大。其实，这个实验只是科学地证实了我们的经验。作为大人，我们何尝不是如此？如果常常得到表扬，突然有一天失去表扬了，内心就忍不住会失落，并产生自我怀疑。

从这个实验中可以得出一个显而易见的结论：表扬不当，可能阻碍孩子的发展；而鼓励，可能培养出自信和坚韧的品格。

在《正面管教》一书中，作者这样犀利地评论赞扬：“多年来，一场运动一直轰轰烈烈，即宣扬赞扬对于帮助孩子获得积极的自我概念以及改善孩子行为的好处。赞扬可能会促进一些孩子改善行为，但问题在于，这些孩子可能会变成‘讨好者’或‘总是寻求别人的认可’，赞扬的长期效果是让孩子依赖于人。”这正是为什么我们不提倡频繁的赞扬。

家长需要有意识地选择鼓励型的肯定，引导孩子从自身努力中获得自信，而非依赖别人的评价。这样做尊重了孩子作为个体进行自我认知的需求——你就是你，你的努力或失败需要自己去评判。父母爱你，他们虽然会把感受反馈给你，但不会用父母自己的喜好和期待来“绑架”你对自己的认识。

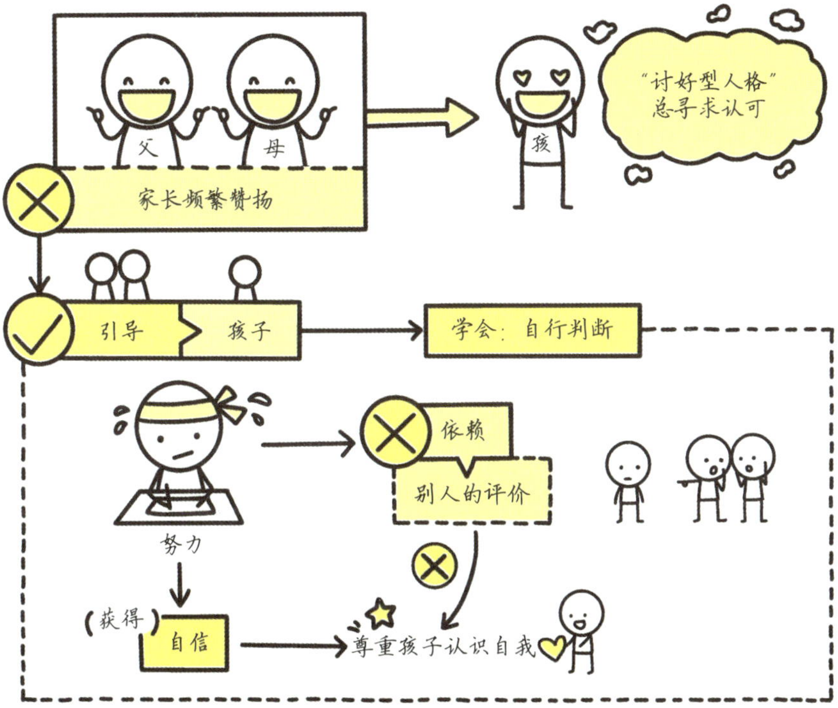

既然鼓励和表扬有如此大的区别，我们平时应该如何更好地、正确地对孩子表达肯定呢？

1.用“摄像机鼓励法”发掘孩子点滴进步

大家知道，用摄像机拍下来的都是具体的、生动的画面。鼓励孩子的时候，就可以像“摄像机”一样尽量把情节具体化、清晰化，比如用“我看到/我注意到……”来肯定孩子细小的进步，为孩子找准方向，真正激发他们的内部动力。

例如可以这么鼓励冈冈：“妈妈注意到你今天自己主动把垃圾扔进垃圾桶噢”“妈妈看到你主动收拾好了玩具”“奶奶看到你自己主动换衣服”……放大这些细节，孩子就会慢慢学会主动和独立，吃饭也就不那么依赖点赞了。

值得强调的是，相比赞美，鼓励的优点恰恰在于不需要刻意拔高对孩子的评价，只需要从细节出发对孩子予以肯定，这对家长观察孩子点滴进步的要求也更高。比如，不是勉强地说“考了85分真棒”，而是“虽然你这次只考了85分，但是妈妈注意到你这几个晚上都在认真看笔记、做错题本，你通过自己的努力比上次进步了5分，很棒哦”。

很多家长想当然地认为，只有在孩子事情做好了才能予以肯定，其实孩子在失败的时候才更需要鼓励。即使孩子的表现没有达到预期，也有值得肯定的地方。鼓励不是为了让孩子对自己的整个表现都自我感觉很好，而是表达对孩子付出努力的肯定、对孩子微小进步的留意，让孩子知道怎么努力可以变得更好。

2.用“麦克风鼓励法”引导孩子总结经验

对于孩子做得好的地方，父母可以像记者一样，假装手上举着麦克风，来提问孩子：“你感觉怎么样？你是怎么做到的？”这种带着赞赏的、幽默的“请教”方式，可以让孩子知道自己做了不错的事情，而且有意识地总结经验，持之以恒。

“麦克风鼓励法”的一个优点是引导孩子注意接下来要怎么做才会更好，而不是让孩子在既有的成绩里骄傲自满。比如要说“你这次拿了满分，是怎么做到的呀？”而不要说“拿了满分真优秀啊！”相比“摄像机鼓励法”，这个方法就是把主动权交给孩子，让孩子自己去思考：为什么自己这一次做得好。

另一方面，哪怕孩子做得不好，我们也可以通过“麦克风鼓励法”来与孩子互动。对于丧失动力的孩子来说，这是一种化解困境的巧妙方法。比如孩子做作业缺乏内在动力，那么家长可以避开孩子不写作业这个问题，转而表扬孩子作业本上的字写得不错，问她：“你这个字中的这一笔很漂亮，你是怎么写得？教教妈妈。” 让孩子在不经意中重新爱上写作业的感觉，并且有意识地提升自己的书写质量。

3.用“感恩式鼓励法”鼓励孩子的点滴成长与奉献

心理学巨头阿德勒认为，表扬和批评的背后都是家长想要对孩子进行支配。长此以往，孩子的任何行为都是为了赢得表扬或躲避批评。因此，如果批评和表扬不当，就会违背让孩子自立的重要教育目的。

“感恩式鼓励法”强调父母不必高高在上，提倡父母和孩子站在同一水平线，作为平等的个体相互进行对话。

在《不管教的勇气》一书中，岸见一郎就提倡不批评也不表扬的育儿方式。当孩子做出良好的行为时，可以用“谢谢”来回应他们：孩子做得好，不是为了父母，也不是被迫服从父母；作为平等的个体，父母对孩子的独立自主只是心怀感谢。

家长可以把“妈妈（爸爸）很感谢你……”挂在嘴上。比如对于孩子写作业这件事，除了说“你晚上主动写作业了，好棒啊”之外，也可以说“谢谢你能管理好自己的学习，妈妈感觉轻松了很多”。比如对前面案例中的冈冈说：“冈冈今天没有打电话打扰爸爸就主动吃饭，谢谢冈冈的懂事。”

需要注意的是，父母对孩子表示感谢，并不是因为把孩子当成负担，暗示孩子“越懂事越能让我们省心”，而是把他当成独立的个体，感谢他能够体谅别人的感受，做好自己的事情。因此，父母不能只是感谢孩子给自己减轻了负担，也要有意识地感恩孩子对家庭、对集体、对社会的贡献。

比如，感谢孩子在公众场合保持安静，可以说：“谢谢你今天在医院很安静地等妈妈忙完，没有打搅到病人们休息。”比如当孩子主动整理好房间，不要说：“宝贝你真厉害，妈妈喜欢这样的乖孩子。”暗示孩子：妈妈很喜欢，所以多做这样的事。而是说：“感谢宝宝打扫卫生，让家变得干净整洁，看到美美的家，每个人的心情都变好了。”

4. 用“心心相印鼓励法”让孩子有信心做得更好

“我相信你……”“我知道你会……”“我对你……很有信心”……真诚表达对孩子的信任，可以给孩子更多力量。比如，因为孩子不想写作业，父母可以说“我们相信你一定了解温故知新的意义，所以你不需要为了应付老师而写作业，也不需要我们催促才写作业”，把做作业的真正意义交给孩子自己去思考，给孩子一个思考的空间，也给自己一个期待的空间。

当孩子尝试有挑战性的任务（比如跳高、游泳、奥数等）而多次失败时，用“心心相印鼓励法”肯定他的耐心和毅力，相信他的无限可能，但是不要借鼓励之名给孩子过多的压力。与其毫无依据地告诉孩子“我相信你一定可以”，不如说：“我相信你会尽力而为的/我会在你身边一直支持你的，加油！”这样既不会给孩子带来“我为什么一定就可以”的困惑和不信任，也不会给孩子“是不是只有成功才不会辜负爸妈”的压力，进而导致孩子半途而废。

因此，“心心相印鼓励法”并不是为了“美化”失败，也不是让孩子在不可能的目标面前盲目自大，而是为了让孩子看到可能性，培养孩子“我有潜力做到更好”的理性自信。

5.用身体语言给孩子无声的肯定

有时候想不到如何用话语鼓励孩子，这时，不妨给他竖一个大拇指或和孩子击个掌，这也是力量的加持。鼓励不一定要用语言表现，满意信任的目光、亲切喜悦的笑脸、无声的身体语言也会给孩子带来力量。

比如当妈妈看到女儿主动写作业了，她不需要急着拉过孩子说点什么，只需要端一盘切好的水果放在孩子桌边，安静离开。无声的支持，也会给孩子沉浸于学习海洋的动力。

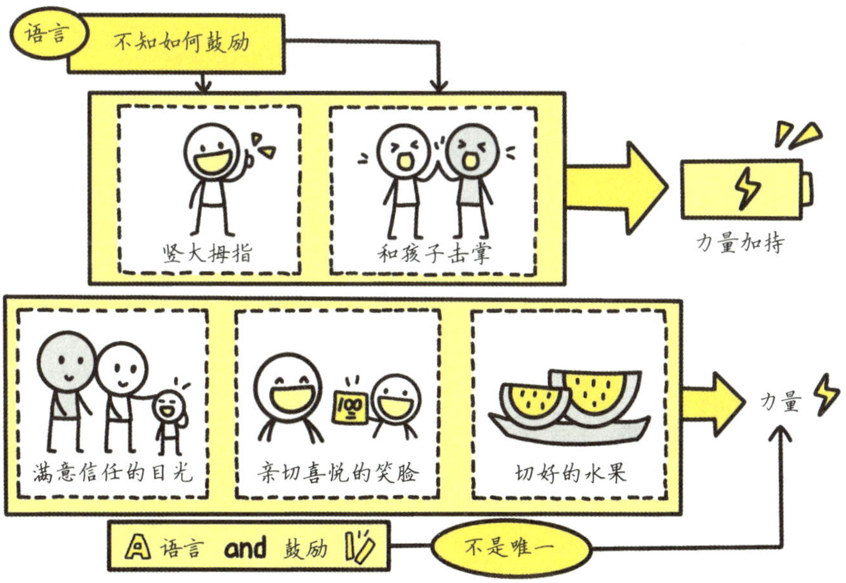

从这五个鼓励的方法中，大家应该可以清晰地看出鼓励和表扬的区别。表扬是对人，鼓励是对事；表扬是对结果，鼓励是对过程；表扬是对个人的随性评价，鼓励是基于事实的务实表述；表扬关注成就，鼓励促进自省。

个体心理学先驱德雷克斯说：“孩子们需要鼓励，正如植物需要水。没有鼓励，他们就无法生存。”鼓励可以让孩子看到自己的潜力，并意识到自己的努力是值得的。作为教育者，不需要夸张频繁的表扬，不需要高高在上的评判，只需要发自内心地为孩子的进步感到欣慰，启发和引导孩子发现自己的内在动力，这样就够了。

杨洋博士有话说

★ 用“摄像机鼓励法”发掘孩子点滴进步

★ 用“麦克风鼓励法”引导孩子总结经验

★ 用“感恩式鼓励法”鼓励孩子的点滴成长与奉献

★ 用“心心相印鼓励法”让孩子有信心做得更好

★ 用身体语言给孩子无声的肯定

Start ▸

02 频繁使用外部奖励不如步步增强内部驱动

场景 ▸▸▸ 02

晚饭后，镐镐没有按规定收拾碗就去玩游戏了，妈妈边催促他收拾东西，边提醒他要按时上线上外教课。

妈妈：镐镐，吃完饭要按照约定收碗哦！

镐镐：我不想收，让我玩半个小时游戏我就收！

妈妈：镐镐，（线上）外教课开始啦，快来上课！

镐镐：我不想上，想让我上课就给我买汉堡包！

妈妈：上课是你自己的事情啊。

镐镐：我就是不想学，没意思。

8岁的镐镐特别喜欢“谈条件”，做家务谈，做作业也谈，上课谈，练琴也谈……

镐镐的妈妈很无助。

我问镐妈，平时是不是很喜欢用奖品激励的方式来引导孩子？

她说是的。镐镐小时候，为了让他吃饭，父母便用看动画片来奖励他；现在，为了让他做作业，让他考试拿高分，父母又会用他想要的各种物品来奖励他。比如练琴这件事，镐镐每次上课都能得到10元钱奖励。

镐妈对“投其所好，才能让孩子配合”的办法深信不疑。可是镐妈不知道的是，奖励有时候会起反作用。

于是我告诉她一个故事：

有一群孩子每天在一位老人家的门前嬉闹叫嚷。老人身体不好，需要静养，对这样的声响难以忍受。忍了几天都不见孩子离去，于是他决定做一件事。有一天早上，他走出门，给每个孩子发了25美分，并对他们说：“孩子们，谢谢你们，是你们让这儿变得很热闹，我觉得自己年轻了不少。这点钱表示谢意。”孩子们很高兴，第二天一大早就来门前嬉闹。等孩子们玩好了，老人走出门，给了每个孩子15美分。他解释说，自己没有收入，今天只能少给一些。15美分也还可以吧，孩子们仍然兴高采烈地走了。到了第三天，老人只给了每个孩子5美分。这下孩子们勃然大怒：“一天才5美分，知不知道我们多辛苦！”他们向老人发誓，他们再也不会来这儿玩了！

老人让孩子们离开的方法很巧妙，其背后的原理就是心理学上著名的“德西效应”。

什么是德西效应

著名心理学家德西曾在1971年对此做过严谨的实验，他让大学生在实验室里解有趣的智力难题。

实验分三个阶段：第一阶段，所有大学生无奖励；第二阶段，这些大学生被随机分为两组，实验组（有奖励组）的学生每完成1道难题即可得到1美元，而控制组（无奖励组）没有任何奖励；第三阶段是不分组自由活动，所有大学生可以选择在原地休息，也可以继续做趣味智力难题。

从纵向比较的实验结果来看，实验组(有奖励组)的学生在第二阶段十分努力，但在第三阶段继续解题的人数却很少，而控制组(无奖励组)的学生则有更多人花更多本可以休息的时间继续解题。这表明有奖励组对解题的兴趣与努力程度在减弱，而无奖励组在进入第三阶段后，对解题的兴趣与努力程度却在增强。从横向比较的实验结果而言，在第三阶段，原为控制组的学生比原为实验组的学生更愿意花时间解题。

德西由此发现：当人们可以兼得外加报酬和内感报酬时，某些情况下，其工作动机不但不会增强，反而会削弱；对一项令人愉快的活动(即获得内感报酬)施加外部的物质奖励(外加报酬)，反而会减少这项活动对参与者的吸引力。

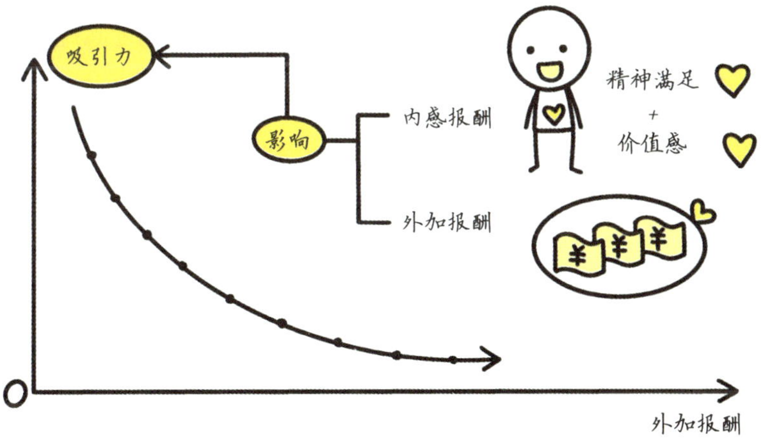

“德西效应”带来的启发

“德西效应”也是许多教师的重要启迪，因为它蕴含着在不同阶段对奖惩的运用智慧——当学生尚没有形成自发的内在学习动机时，教师从外界给予激励以产生刺激，以此推动学生的学习活动，这种奖励是必要和有效的；当学生对学习活动本身已经很感兴趣，此时再给学生奖励不仅显得多此一举，还有可能适得其反。一味奖励会使学生把奖励看作学习目的，从而导致学习目标的转移，这种情况下，孩子很容易专注于当前的名次和奖赏物，而非学习本身。

从这个意义上说，不恰当的外在奖励反而可能剥夺孩子参与活动的内在成就感，进而变成一种惩罚了。

既然不能动辄在孩子做事前予以奖励，有的家长就选择在孩子犯错之后予以惩罚。是啊，对于孩子做事缺少动力和效率、与同学发生争执、不守诺言等一系列问题，我们是否可以采取惩罚的方式来加以告诫呢？

有些家长觉得惩罚是非常有用的方法，而且立竿见影，能马上制止孩子的不良行为，比如孩子不做作业，家长就骂一顿，责令其马上完成；比如孩子不配合，家长就拿棍棒打一顿……殊不知，惩罚不当可能会给孩子的成长带来严重影响。著名心理学家及“正面管教”理念的开创者简·尼尔森指出，从长期来看，惩罚给孩子带来的影响只有愤怒、报复、反叛和退缩，这是因为经常接受惩罚的孩子心里想的往往是：

“我恨你！”——愤怒；

“你让我感觉很糟糕，那我要让你的感觉更糟糕！”——报复；

“你要我这样，我偏不屈服！”——反叛（这种心理往往会在孩子叛逆期的时候集中爆发）；

“我可能会做错，到时候又要挨打了，算了，不做了。”——退缩。

当孩子变得叛逆、自认为是坏孩子也好，变得唯唯诺诺、躲避惩罚，追求别人认可和表扬也好，所有这些都不是我们家长希望看到的。它们都是长期惩罚式教育导致的后果。

到这里，我们带各位家长重新认识了奖惩：频繁过度的奖励并非奖励，而是惩罚；不当的惩罚也许立竿见影，但是贻害无穷。

那么如何正确运用奖励法去教育孩子呢？在这里给大家五个方法。

1.“糖果奖励法”——奖励要适度

糖果很甜，孩子爱吃，但是吃多了就会蛀牙，奖励也是如此。当孩子习惯受到外部奖励的刺激时，内部就会逐渐失去驱动力——因为他们会把努力与外部的激励联系在一起，而不再把努力视为理所当然；他们把奖励作为自己的努力目标，事前他们会一心想着奖励，而不是从努力做事中提升自己。事毕，在得到奖励后他们也不会备受鼓舞，但得不到奖励就大哭大闹。一旦奖励消失，对他们而言就等于失去了一切行动的意义，因此会出现进步乏力、甚至退步的现象。

说到底，有些父母只是在用口头和物质的奖惩去控制孩子，而没有想过帮孩子正视他们自己的内在动机。久而久之，孩子就忘记了自己的初心，而只在乎外部的评价。

家长要学会权衡场合、适量“供给”，而不是随时随地轻易满足孩子。例如镐镐有弹钢琴的天赋，但是缺乏练琴的动力。为了引导他喜欢上练琴，可以在一开始通过“糖果奖励法”来督促他练琴，并在练琴过程中引导孩子发现音乐的乐趣，减少糖果的出现，逐步用孩子对音乐的内在兴趣来替代外在奖励。等他慢慢喜欢上练琴的时候，他便会不知不觉将糖果抛之脑后了。

2. “点赞鼓励法”——区分鼓励与表扬

夸奖是一种语言奖励，可以让孩子感到自信、自豪，从而有动力做得更好。但是夸奖要注意方法，特别是要区分“鼓励”和“表扬”，不必强行表扬孩子的天分和成绩，夸大结果，让孩子自视甚高，而要针对过程和细节，肯定孩子的进步之处，让孩子意识到靠努力可以变得更好。

具体说明在上一章中有提及，大家可以参考。

3. “明理奖励法”——奖励不是目的，成长才是

当我们在用奖励来培养孩子的内在动力时，奖励的同时不要忘了告诉孩子：我为什么奖励你。

为什么很多孩子在脱离父母管束的环境中无法进行自我管理？这是因为在成长过程中，孩子始终没有机会向内自省，他们没有学会对自己的行为进行评价和负责，没有学会自立。

中国著名教育家陶行知有一天在校园里看到一名男生想用砖头砸别人，于是及时加以制止，并让这个学生去他的办公室。他自己则先了解了情况，之后又回到办公室。

一进门，只见那名男生正紧张地站在边上。陶行知掏出第一颗糖递给他：“这是奖励你的，因为你很准时，比我先到了。”男生十分惊讶。接着，陶行知又掏出第二颗糖：“这也是奖励你的，我不让你打人，你立刻就住手，说明你很尊重我。”男生将信将疑地接过糖。陶行知又掏出第三颗：“据了解，你打同学

是因为他欺负女生，说明你有正义感。”这时，那名男生已经泣不成声：“校长，我错了。不管怎么说，我用砖头打人是不对的。” 这时，陶行知掏出第四颗糖：“你已经认错，我们的谈话也结束了。”

这是一个非常经典的故事。

明明是人们喜欢用惩罚去教育孩子的场合，他的四颗糖却起了很好的作用，原因就在于陶校长每次奖励糖果的时候，都说明了具体的缘由，让孩子被肯定、被理解，把对惩罚的恐惧、对奖励的意外都转化为对自身成长的思考，启动了学生的内在意愿去反思，进而改正错误的行为。

肤浅的奖励注重形式，明理的奖励引导成长。如果镐镐妈妈对镐镐说：“这次奖励你一颗糖，是因为你的作文想法很棒，妈妈觉得你很有同情心！”他就知道了，原来是自己的想法得到了妈妈的欣赏，而不是因为完成了写作业这样的分内之事而得到奖励。他也会意识到，自己这次写作业最大的收获是关于保护弱者的思考，这比一颗糖更有价值。

4.“零奖惩教育法”——摆脱奖惩依赖，塑造自律人生

为了让孩子坚持一件事，有的父母始终会以奖励和惩罚的手段约束孩子的行为，随时捕捉孩子的好行为加以奖励，同时捕捉坏的行为予以惩罚。其结果就是奖惩都随着时间推移而慢慢失效或效用减少，不仅如此，它还会逐渐挤占孩子自身的价值认同感，使得孩子依赖外界认同，甚至会主动讨要奖励或一心逃避惩罚。

著名心理学家简・尼尔森提出“正面管教”理念，反对提倡表扬和奖励。因为无论是奖励还是惩罚，它们都是硬币的两面，提供给孩子的无非是外在的刺

激，即属于他律，代替不了内在的动力来源。当奖励不在的时候，行为动力就消失了，这种情况下孩子没有也无法形成自律。

有些家长可能会产生这样的担忧：孩子明明不做作业，我不激励他，也不惩罚他，任由他这样，真的可以吗？其实，这是误把奖惩当成唯一的教育手段了。很多时候，我们都可以心平气和地跟孩子讨论和假设，“这些事情做与不做意味着什么”，从而引导孩子进行选择。这就是简·尼尔森提出的“正面管教”理念。

比如镐镐妈妈可以让镐镐想想：如果不写作业，那么会导致什么后果？不知道今天学的知识掌握了没有；失去了巩固知识的机会，知识没有得到巩固，很快就会被遗忘，期末也会考不好；最直接的后果是，明天还会被老师批评。若是镐镐可以承担这样的后果，那他就可以决定今天不写作业。再例如镐镐磨蹭不起床，除非奖励零食，那妈妈可以告诉他：“零食是没有的。你自己磨蹭，上学便可能会迟到，迟到的话就会错过学校的早餐，那么你就要饿肚子。”

我们要让孩子学会为自己做出的选择负责，而不是把这件事的重点偏离到各种费尽心思的奖惩手段上，这样才能有效训练出孩子的自律。

5.“内部动机激励法”——奖励的内容可以成为教育本身

人的动机分两种：内部动机和外部动机。如果按照内部动机去行动，那么我们就是自己的主人。

如果驱使我们的是外部动机，我们就会被外部因素所左右，成为它的奴隶。

如果奖励的内容不是简单的外部满足，而是服务于孩子的内部需要，那么奖励的意义就会变得很不同。

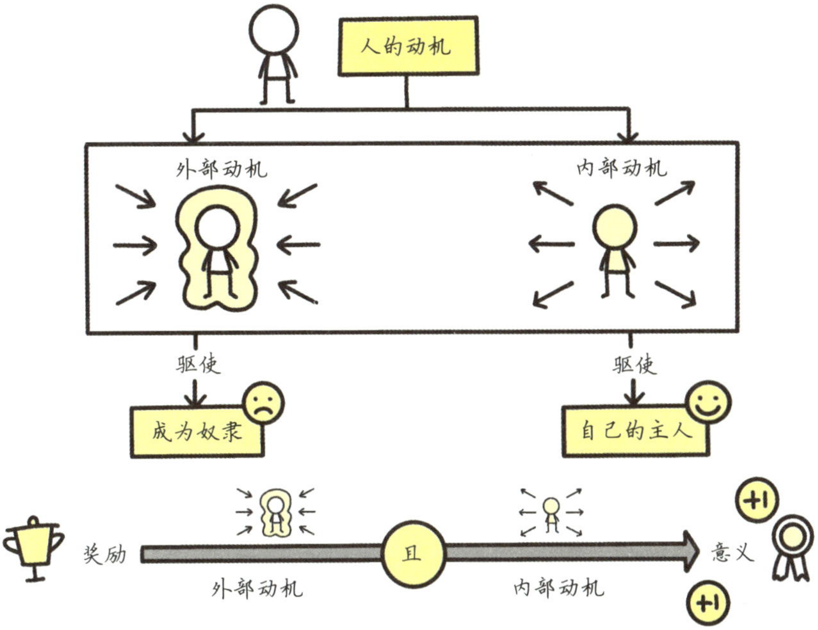

杨洋博士有话说

★ 奖励要适度

★ 区分鼓励与表扬

★ 奖励不是目的，成长才是

★ 摆脱奖惩依赖，塑造自律人生

★ 奖励的内容可以成为教育本身

Start ▸ 03

培养感恩之心，护孩子一生周全

场景 ▸▸▸ 03

周周的女儿小茹没有稳定工作，一直在家做直播，最近吵着要买最新款的苹果手机。

小茹：妈，我要买个新手机，给我转7000元钱。

周周：小茹，你现在的手机不是还挺新的嘛，去年才刚买。

小茹：妈，那个都过时了，我天天做直播，不好用。

周周：小茹，我和你爸在外面打工，一个月也挣不了多少，一下就要7000元也拿不出来呀。

小茹：每次要点钱难死了，你们挣钱不就是给我花的吗?!

周周：可爸妈真拿不出这么多钱，你先用着现在的手机行不行?

小茹：行了行了，挂了吧。

最近有位叫周周的母亲很担忧女儿目前的情况。她向我们倾诉，自己和老公在南方打工，收入也不高，但24岁的女儿却要求父母给她买新上市的苹果手机，女儿没有稳定工作，一直宅在家里当网红，询问我们这种情况怎么办。最近她看到一则新闻：一名中年男子向母亲索要2万块还信用卡，并让母亲向亲戚借钱，遭到拒绝以后，男子当街暴打自己年迈的母亲，再一想女儿目前的状态，周周不由得很担心。

不懂感恩的人无法感受“爱”

面对这样的女儿，这位母亲很无奈。其实，孩子不懂感恩这种情况，父母是因，孩子是果。问题虽然出在孩子身上，却和父母的教育方式有极大关系。这种情况会带来一系列的问题，例如人际关系的困扰、自私、不懂得换位思考、没有孝心、遇到事情抱怨多等。

感恩，顾名思义就是感受到了别人对自己的恩情，并对这份恩情心存感激。若孩子感受不到别人对自己的付出，感受不到爱的存在，那又怎会感激他人，又怎会心存感恩呢？

感恩之心对每个孩子而言无异于一生平安的护身符。看过一个发生在肉类加工厂的真实故事。

下班前，康康要进入冷库检查，但是发生了一件不幸的事情：冷库门突然关上，她被困在了里面。尽管她竭尽全力声嘶力竭地喊着，但她的哭声却没有被任何人听到。她在死亡边缘挣扎了近5个小时，这时门突然被打开了，工厂保安走进来救了她。事后有人问保安：“你怎么会想起打开这扇门？这不属于你的日常工作啊！” 保安说：“我在这家企业工作了35年，每天数以百计的工人从我面前进进出出，她是唯一一个每天早上向我问好并感恩我为她开门的人。今天，她进门时跟我说过‘谢谢你’，但一直没有听到她说‘明天见’。我每天都在等待她的‘谢谢你’和‘明天见’，我知道今天她还没有跟我道别，我想她应该还没有下班，我有些担心，毕竟冷库之前也发生过类似的事情。”

几句简单真挚的问候，成为康康在紧要关头的护身符。

“父母之爱子，则为之计深远。”对于孩子，我们很难为他铺平一生的道路，不能永远守护他，更不能保他一生平安，那什么是孩子一生的护身符，让他面临困难的时候依旧有人愿意施予援手呢？就是孩子感恩的心。

作为父母，如何培养孩子的感恩之心呢？给大家三点建议。

1.父母要做到言传身教

父母对长辈要心存感恩。孝顺自己的父母，就会在潜移默化中影响孩子，教育孩子，久而久之，孩子自然会受到这种感情和力量的感染。在家里，如果我们对自己的父母不孝顺，那么便给孩子做了不好的榜样，这样不好的情感传递和流动自然会影响孩子的行为。要想让孩子懂得把爱种在心里是一种什么样的感觉，这需要父母身体力行去做。父母真实的情感流露才是教会孩子懂得感恩的最好方法。

在日常生活中，也可以随时随地培养孩子的感恩心。有位母亲说起以前带孩子出去吃饭，孩子会抱怨菜价过高，服务不够周到，但有些父母则会教育自己的子女，要尊重、感恩别人的劳动成果，对服务人员表示感谢。

2.关注孩子的感受，让他感受到“感恩之心”

之前看过一个公益片，父母在自己有情绪的时候大骂孩子“你怎么这么笨”“你是垃圾”，在这样的家庭里，孩子感受到的是冷漠和痛苦，又怎会被爱滋养呢？他的感受被重视过吗？他的情感被在乎过吗？对于感恩这个词，他根本没有机会感受。所以，在这种情况下，孩子不可能明白什么是感恩，更别提如何做到了。

周周也说起有次自己生病了，刚上初一的女儿回来看到她没做晚饭，很生气地责问她为什么不给自己做晚饭，并没有注意到自己的母亲身体不适。

我们要反问，孩子为什么会有这样的行为？感恩首先是要有感受，然后才能有感而发，才能体谅别人的辛苦。这个时候就要反思一下自己了，对孩子不能只有要求和管束，一定要注重和孩子在感情上的交流和互动。要想让孩子懂得感恩，就要照顾好孩子的情绪、情感和感受，让孩子在爱里成长。爸爸妈妈要经常表达爱，对于低龄的孩子不妨经常看着孩子的眼睛真诚地说：“爸爸妈妈很爱你，你真可爱！”对于大一点的孩子，也要经常表达爱，这样孩子才能感受到爱。

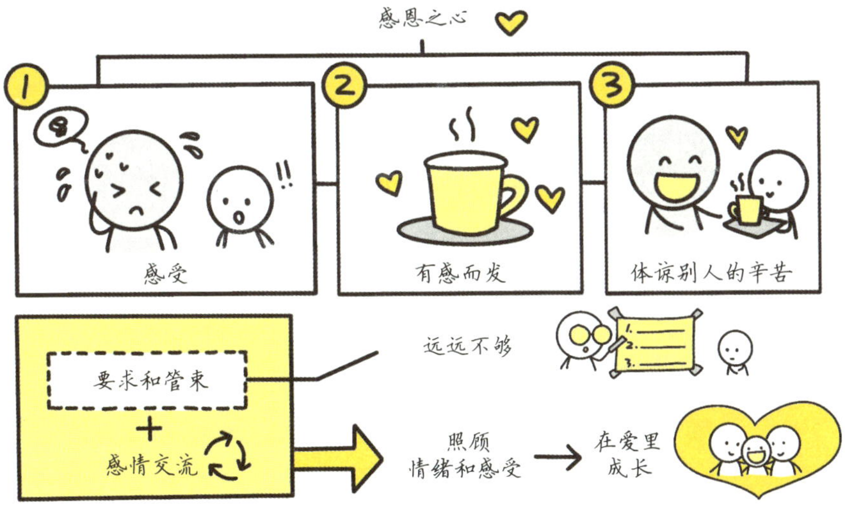

3．让孩子多劳动

付出劳动才更会懂得珍惜，才更能滋生出感恩之心。让孩子在家里多参加劳动，有机会的话可以多让孩子去乡下体验劳动，这样孩子便能体会到父母赚钱的不容易，然后慢慢对父母心生感恩之情。

4.让孩子多付出，多帮助别人

之前看过一个泰国的广告，一个男孩，因为无钱医治病重的母亲，无奈之下只好去偷药，成了过街老鼠，就在众人都唾弃他的时候，一家早餐铺的老板出手相助，帮男孩付了药费，还给了他一些食物。30年后，早餐铺的老板得了癌症，一家人为昂贵的医药费苦恼万分，无奈之下只能出售老店铺。而当年的小男孩已经成了技艺一流的医生。得知恩人来自己的医院看病，他悄悄付了所有的医药费。平日里，他也经常去一些地方免费给人看病，行医济世。早餐店老板一个不经意的善举在30年后救了自己一命。

所以说感恩是孩子一生的护身符。生命是一种回声，你把最好的给予别人，就会从别人那里获得最好的。当我们学会了欣赏和感恩，就拥有了幸福和快乐。

在教育孩子的过程中，身教大于言传，要尽量让孩子感受到自己生活在爱里。而最好的爱，是教会孩子学会感恩，这是他一生的护身符。

杨洋博士有话说

- ★ 父母要做到言传身教
- ★ 关注孩子的感受，让他感受到“感恩之心”
- ★ 让孩子多参加劳动
- ★ 让孩子多付出，多帮助别人

孩子是一张白纸，父母与孩子的关系是原件与复印件的关系

很多家长抱怨孩子情绪不好，但往往不知道孩子的“坏情绪”很可能来自父母。在这里，家长需要了解下面四个法则：

情绪镜像法则

孩子大部分的理念和知识都是从父母那里接收而来的，包括情绪。家庭中如果父母情绪不稳定，那么孩子就很容易被家长的情绪所影响。就像照镜子一样，孩子的第一模仿对象就是父母。如果孩子长期在一个情绪不稳定的家庭环境中长大，那么长大后的情绪很容易越来越像父母。这就是为什么很多人明明不想成为父母的样子，最后却还是成了父母的样子。

情绪海绵法则

孩子除了是一张白纸外，还是一个能大量吸收“水分”的“海绵”。在没办法分辨正负面情绪的时候，他们会全盘接收所有传递给他们的情绪。如果孩子长期生活在一个亲情淡漠、充满语言暴力和负面情绪的家庭中，那么未来极有可能会出现抑郁、不自信或暴力等倾向；但如果在一个积极、阳光、正面的家庭中长大，那么孩子自然也会变得乐观、自信、有爱心。

情绪弹簧原理

这个原理在青春期的孩子身上体现非常明显，这个时候的孩子因为性激素

以及心理因素的影响会变得更“自我”，渴望独立和自主，如果长期压抑负面情绪，此时很有可能会“奋力反弹”。很多家长不知道为什么孩子一到青春期就变得叛逆、不听话，却不了解“今日得到的果，是他日种下的因”……

☑ 情绪马太效应

“马太效应”是一种强者愈强、弱者愈弱的现象，广泛应用于社会心理学、教育、金融以及科学领域。

“马太效应”应用在情绪上主要表现为主观能动性可以改变事情的原貌或事物发展的结果。

对于孩子来说，如果一直处于自卑、冷漠的情绪中不自知，也不求改变，那么这种负面情绪往往会伴随其一生；但如果孩子一直是乐观、自信、积极主动的心态，那么他将更容易赢得物质和精神财富。

亲子篇

不骂不吼，带出高情商孩子

第5章

放下焦虑，从容解决成长难题

Start ▸ 01

启动内在动力——让孩子自愿学习的秘诀

场景 ▸▸▸ 01

辉辉是一名五年级的小学生，他几乎一天都在周围亲人的催促声中度过。

妈妈：儿子，早上了，赶紧起床，上学快迟到了。

辉辉：知道了，妈妈。我再伸个懒腰。

爸爸：辉辉，换鞋拿书包，赶紧走，赶不上车了。

辉辉：爸爸，着什么急呀，这不正准备走呢嘛。

奶奶：宝贝，放学了啊？喝完水快去写作业吧。

辉辉：好的，奶奶。一会儿就去，让我先歇会儿。

爷爷：辉辉，写完作业了吗？琴课快开始了，赶紧准备吧。

辉辉：爷爷，别催了，让我喘口气。还有好几分钟才开始上课呢。

辉辉今年11岁，喜欢赖床，爸爸妈妈好不容易把他叫起来，转眼他又躺在了柔软的沙发上，怎么叫也起不来。父母和爷爷奶奶很为辉辉着急，每天围着孩子苦口婆心，催孩子做作业、预习功课……可是辉辉不为所动，还摇头晃脑地说：

“妈妈，我感觉生活真无聊！”

辉辉的妈妈很无奈。她向朋友倾诉了一通，最后赌气说：

“心好累，对这个孩子真是没办法了，随他去吧，爱干什么干什么！”

朋友笑着对她说：“我记得我们小时候从来没有感觉无聊，你呢？总有做不完的有趣的事情，都舍不得睡觉。不得不睡的时候，还惦记着第二天的事儿！”

辉辉的妈妈听完一怔。是啊，她也有童年，那是一段充满活力、漫山遍野奔跑的美好时光。

☑ 生活的动力来源于梦想

她突然想起了自己小时候关于大房子的梦想。

那时候，因为家中贫寒，她和另外4个表兄妹以及瘸腿的二舅都挨挨挤挤地寄住在小舅家中。在5个孩子当中，她很不起眼，很少得到长辈的关注和爱护。二舅寄人篱下，和她境遇相同，时常省下工钱买零食给她吃。她心生感激，跟二舅说，以后要建一所大大的房子，让所有无家可归的、生活艰苦的人都可以住在那里，大家自食其力，种一大片薰衣草、一大片向日葵和一大片金色麦田……当然，还有漫山遍野可以取而食之的果实。

后来，很多事情都湮没在记忆里了，唯独这个梦想，辉辉的妈妈记得很清晰。正是这样一个梦想一直激励她从小努力，内心仿佛有一个熊熊的火把，让她不断向上、向前，很少睡懒觉。梦想滋养着她，鞭策着她去学习，去成长……她根本没有时间无聊。

现在的辉辉，每天按部就班地被指令学这学那，天天如此，时间久了，他只觉得自己在完成任务，自然不乐意了。他没有自己的梦想，就没有内在的动力，生活就没有乐趣，家人的敦促也就成了负担。这就像一辆顶级配置的赛车，如果没油，哪怕有人推着这辆车，并且用力地推，那么它也无法前行。这不能怪它，是“推车人”没有解决根本问题。

如果家长能够帮助孩子找到属于自己的梦想，那么孩子便有了源源不断的动力，这固然会令家长欣喜不已，却别忘了成长路上必要的引导。有了梦想，有了家长的引导和鼓励，孩子在现实中才更能脚踏实地地学习，遇到挫折不气馁、不自卑，这样才能在追梦路上稳稳当当地走得更远。

那么，如何帮孩子激发内在动力呢？这里分享5个技巧：

1.根据孩子的爱好，讲故事树榜样，播下梦想的种子

有一位名人曾说过，真正的梦想有三个条件，第一是伟大，第二是美好，第三是无私。伟大是目光长远，追求崇高的事业；美好是因为梦想当如心上莲花，带给人愉悦和平和的心境；无私是发自内心地愿意为他人付出。

古今中外，各行各业的伟人巨匠灿若繁星，他们之所以成为伟人，首先是因为他们拥有心怀大千世界的伟大梦想，其次才是他们持之以恒、超过常人的努力。每天讲一点伟人故事，可以激活孩子的梦想发动机。这样的梦想能够激发孩子的潜能，成为孩子成长的强大动力。

2.建立梦想与学习的联系，及时激励孩子

结合孩子的梦想赋予学习以意义，并在生活中创造应用机会。这样孩子便会

意识到知识原来是很有用的，他会更有动力去学习，当学会知识并用这些知识解决问题时，他会有成就感，继而产生更多的求知欲，因为学的越多，可以做的事情就越多。

比如孩子对商业经济感兴趣，那么在学数学时，可以带他去超市买东西，体验“给钱”和“找钱”的过程。告诉孩子：这是经济秩序的一角，如果连基础账都不清楚，那么是无法玩转金融知识的。这样，孩子就会更愿意接触课本知识，探究更多的未知，努力靠近自己的梦想。

很多时候，孩子的学习是跟实际生活脱离的，因为缺少实践，所以很多基本知识的实际应用孩子都接触不到，这时就需要家长有意识地为孩子主动创造实践机会。

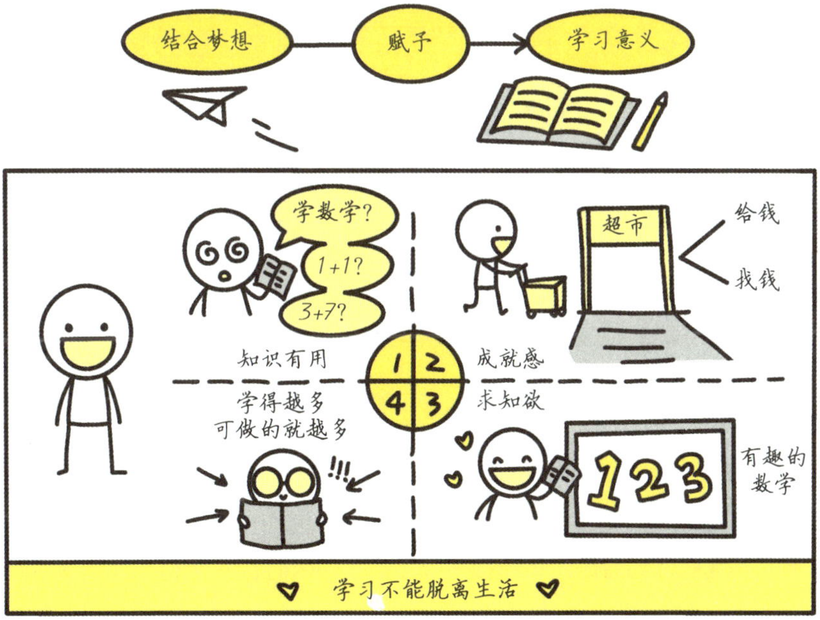

3.观察孩子的个性特点，帮他找到适合自己的学习方法

每个人的学习方法都不同，有的人天生就喜欢通过声音来学习，有的人喜欢视觉图案，有的人很喜欢用文字来学习。您的孩子究竟属于哪一种学习风格，要找到答案必须得通过长期观察不断去尝试。

4.改变成见，让孩子相信后天的努力使人更聪明

人们普遍觉得有的孩子天生文科好，有的孩子天生理科好，智商是固定不变的。但是如果你做过智商测试（结果仅作参考，不要迷信评估），你会发现智商是在变的，某一方面的技能可以通过长时间的正确练习达到精深的程度。对于孩子而言，可塑性更是超出人们的想象。

在这里推荐一本书叫作《刻意练习：如何从新手到大师》（作者：［美］安德斯·艾利克森，罗伯特·普尔），这本书详细介绍了一个人若想在某一领域成为专家，需要怎么做。里面有很多例子可以用来鼓励孩子：如果你想做成一件事情，所谓的天赋并不会限制你的发展，但是很重要的一点就是要找对方法，然后实实在在地花一定量的时间去练习，坚持去做，这样才可以达到想要的效果。

5.引导孩子从错误中学习，乐观地面对错误

这是很重要的一点。

很多时候，由于我们的批评，孩子对犯错变得很敏感，觉得自己犯了错意味着自己很糟糕，甚至为了不犯错而放弃尝试。

但其实我们仔细想想，是什么造就了现在的我们？是犯错。有错误才有教训，是从错误当中总结的经验让我们做得更好。

所以在孩子很小的时候，就要让他有一颗平和面对错误的心，鼓励他不要逃避、乐于从中反思经验教训，更重要的是，不要因为害怕犯错而不敢尝试。由此可以让孩子建立从错误中提升自己的观念，为孩子的追梦之路打好健康、快乐、自信的心理基础。

让我们再次回顾一下辉辉的故事吧！

假设辉辉的妈妈发现他喜欢听航天故事，那么她便可以给孩子买诸如航天科学家的相关书籍，一起讨论学习科学家的成长故事以及他们对社会的贡献（使用技巧1：播种伟大梦想）。

可以预见，孩子的梦想会慢慢在心中发芽，这一梦想就是未来当科学家为祖国的航天事业增添力量。此时，妈妈可以带他一起搭建火箭模型，讲解简单的力学知识（使用技巧2：联系梦想与学习），让他意识到，学习是帮助他通往梦想的途径——要想成为航天科学家，探测天文要靠数学、物理和化学，各国科学家的学术交流要靠外语，写好科研报告要靠语文……这样，孩子便有了学习的兴趣。

但是，妈妈很快发现，辉辉的学习不太顺利，他很受挫。于是她尝试先让他听科普故事、画思维导图来搭建初步的知识基础，以声音、图像的方式提醒孩子转变思路追求梦想（使用技巧3：找到适合的学习方法）。

经过一段时间的努力，辉辉知道了不少天文知识，妈妈表扬了他，并相信他在持之以恒的努力后会变得更优秀（使用技巧4：相信孩子的改变）。

尽管如此，辉辉也有搞砸的时候，数学作业被打了很多叉叉。妈妈没有直接批评，而是坐下来陪他分析每一道题出错的原因，并鼓励他下次做得更好（使用技巧5：从错误中收获成长）。

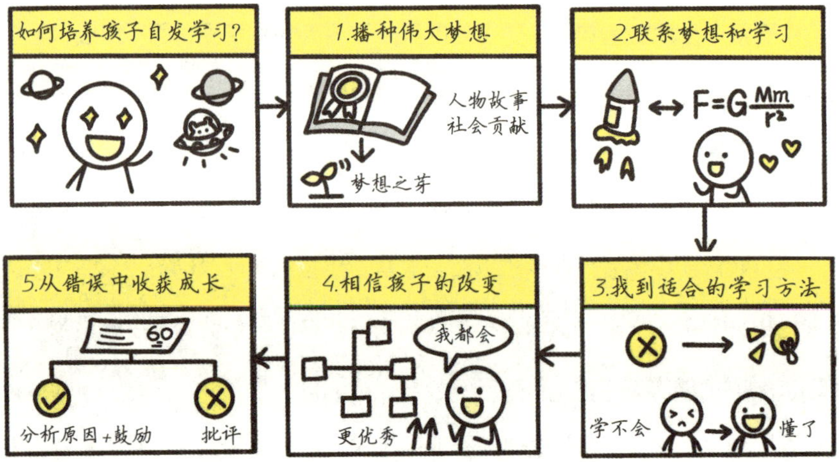

为人父母，要用心观察和引导子女，做他生命的引导者。接受他的平凡，感受他的独特。尽可能地在尊重孩子的前提下，让孩子发挥出其生命的潜能！理解是表达爱的前提，而这份理解并不是父母与生俱来的能力，需要加以学习。在陪伴孩子成长的过程中，父母就像一个勤恳的农夫，摸索土地的生长规律，播撒梦想的种子，然后静待花开。

杨洋博士有话说

- ★ 根据孩子的爱好，讲故事树榜样，播下梦想的种子
- ★ 建立梦想与学习的联系，及时激励孩子
- ★ 观察孩子的个性特点，帮他找到适合自己的学习方法
- ★ 改变成见，让孩子相信后天的努力使人更聪明
- ★ 引导孩子从错误中学习，乐观地面对错误

Start ▸ 02

轻松告别孩子“3分钟热度”

场景 ▸▸▸ 02

天天三岁了，平时由奶奶照管。午休后，天天正在地垫上拼装小汽车。

✕

奶奶

天天，这样拼不对，这是汽车头，应该这么装。

说着拿过了天天拼了一半的玩具，看着奶奶拆掉了自己之前拼装的汽车，天天转身去了客厅，在黑板上画起了画。

奶奶

天天，来来来，喝杯水。

等天天喝完水，让奶奶打开电视看动画片《超级飞侠》，看到半集，奶奶又叫他。

奶奶

天天，快去洗手，咱们先吃个水果。

吃了水果的天天，又跑到卧室拿了一本绘本翻了起来。

奶奶

天天，你还看电视吗？这孩子，干什么也没个长性呀。

有位记者询问一名荣获国际大奖的科学家："您认为成功的首要因素是什么？"这名科学家回答："从表面上看，社会上的每个人整天都在忙忙碌碌地工作着。倘若你早上7点坐上汽车去公司上班，晚上11点才回到家休息，那么算起来为了工作整整耗费了一天中的16个小时。其实，很多人终其一生都在抱守着一种循环往复的模式，做着各种各样的事情，但是最后却并没有取得什么大的成就。而我却是少数的那个幸运的家伙，因为我只会把全部的时间和精力都投注在一件事情上面。"

☑ 孩子的专注力不是培养出来的，而是保护出来的

中国式管理之父曾仕强先生也说过类似的话："努力工作没有用，用心做事才最要紧，投入你所有的专注力。"由此可以类推，专注力对于一个人，特别是正处于学习知识阶段的孩子们来说是何等的重要！遗憾的是，很多家长并没有把保护孩子的专注力放在重要的位置。让我们先来看一个案例。

有位爸爸带着孩子来到校区，他的孩子名叫毅毅，今年8岁，上三年级。老师让毅毅进教室做试听的时候，发现他根本停不下来，一会儿摸摸白板，一会儿钻到椅子底下。最麻烦的是，他还不断地大声说话，干扰其他同学学习。

下课之后，老师特意留住了毅毅，引导他坐下来看书，从而进一步观察他的行为模式。果不其然，毅毅坐在板凳上面就像只焦躁不安的小猴子，动来动去的，翻开书本没看三分钟就跑出了教室。

老师问毅毅的爸爸关于孩子的情况，毅毅的爸爸介绍说，之前也带着孩子去医院检查过是否患有多动症，检查结果指出孩子之所以这样与多动症无关，而

是因为孩子缺乏专注力。老师进一步了解毅毅的成长环境。原来，毅毅的爸爸妈妈都是公职人员，平时单位工作忙碌，根本没有时间照顾孩子，毅毅从小是由保姆带大的。保姆虽说很勤快，但是在教导孩子方面却不得要领。比如毅毅坐在地板上翻看绘本的时候，保姆正好在打扫卫生，她就会大声喊叫，让毅毅快点把书拿起来，不要妨碍她拖地；毅毅正在聚精会神地垒着积木的时候，保姆端着饭碗过来打断他，让他赶紧吃饭；毅毅遇到烦心的事情放声大哭的时候，保姆又会拿起各种玩具给他换着玩，以便分散孩子的专注力；平时毅毅在写作业的时候，保姆也会时不时地过来问几句，“做到哪一题啦，还有多少？”“喝什么饮料啊？”“吃不吃苹果啊？”毅毅只好中断思考，转过头去回答她的问题。就像文章开头的天天一样，孩子身边有位爱打断他的家长。

对于毅毅来说，孩子之所以坐不住，除了与专注力被破坏有关外，还因为他属于体觉型学习风格。体觉型学生的共同表现是上课不认真听讲，下课爱动手动脚。对同一道题目，专注力强的学生通过观看或者聆听老师讲解就能够弄明白，而体觉型学生则一定要亲自做过一遍之后才能彻底学会。

教育讲究因材施教，体觉型学生的优势学习通道恰好就是动中求学，一旦武断地禁止他们，也就限制了他们的认知通道。体觉型学生往往会边玩边学，比如边看书边看电视，边吃零食边写字，因此表现出来注意力不是很集中，对此，分段学习法特别适合他们，常规的学习方法会使他们学习效率很低。所以教育这一类型学生，关键在于每天给予他们足够的运动时间，让他们在运动中释放掉多余的能量，这样，上课的时候就容易安静下来了。

另一位做教育的妈妈分享了她和1岁半孩子的互动故事，从故事中我能体会到她正在有意识地培养保护孩子的专注力。她说每次孩子坐电梯，都要一遍一遍按电梯的多个楼层按钮，并且非常开心专注地等候电梯门打开。而她却每次都很有耐心地站在一旁陪着孩子，直到孩子心满意足地“玩够”。她的孩子也很喜欢玩水，一打开洗脸盆的水龙头，就把双手泡在水里美滋滋地玩，而且要把洗脸池里的所有物品都洗一遍才过瘾。整个过程她都没有严厉地阻止，反而是微笑地陪伴着孩子。

是的，孩子的专注力不是培养出来的，而是保护出来的。当孩子沉浸在小世界里探索新鲜事物的时候，如果你去干涉或打断，则会影响她的专注力。这根本不是爱，而是打扰，父母或者看护孩子的家长很多时候都在以爱的名义扼杀孩子最原始的专注力。

为什么是这样的呢？我们来一起看看专注力的原理。

☑ 孩子的专注力是与生俱来的

当孩子还是小婴儿的时候，他们对吃奶保持着热情与专注；当他们长大一点，可以把小球握在手里把玩十几分钟，甚至简单的卫生卷纸，孩子都可以饶有兴致地撕半个小时。对于自己感兴趣的事物，孩子总会全身心投入。

但是为什么孩子越长大，父母们就会越困惑：为什么我家孩子总是注意力不集中？为什么我家孩子做事情总是3分钟热度？其实，这些孩子身上的共性是缺乏专注力，而最主要的原因则是成长过程中既缺少自主学习、自我成长的机会，又受到了太多外界的干扰。《培养幼儿专注力的有效途径》认为，培养专注力应从2岁开始，这也是培养幼儿学习能力的黄金期。如果孩子的专注力被破坏，那么家长需要及时干预，并进一步做出保护。

家长们习惯用成人的对与错、是与非评价孩子的玩法，忽略了对于孩子而言，无论怎么玩儿，这都是她的自由和乐趣。玩具本没有规则可言，也不应该直奔“会”的目的，只要孩子喜欢，那么任由他探索就好，我们只需要坐在旁边，等孩子需要我们帮助时，及时伸出援手即可。

当孩子沉浸在一件事情中时，却让孩子过来吃水果、喝水、打招呼，所有这些都是对他们的打扰，这会使得他们无法专心在一件事情上，轻则影响孩子的专注力，重则导致以后学习成绩不好。

保护好孩子与生俱来的专注力，具体只需要做好以下5件事。

1.坐姿保持端正

生活中可以发现，相当一部分注意力不集中的孩子总是坐不住，即使坐定了，坐姿也都有问题，或是歪歪扭扭，或是驼背猫腰。

一家纽约幼儿园联合当地体育大学的研究发现，孩子的坐姿不端正会影响其专注力。这是因为，坐姿不端正会使得肺部不能完全打开，呼吸就会变浅，从而身体就得不到充足的氧气供给。氧气输入少，随之而来的就是血液循环不通畅，大脑的氧气加速消耗完，从而就会造成注意力无法集中。换句话说，坐姿是专注力的前提保证。

2. 一个温馨舒适的儿童房

太过鲜亮的颜色不仅会转移孩子的注意力，也会让孩子的情绪莫名亢奋，从而影响他们正常的学习休息。

所以，在儿童房的装饰上，应该尽量选择绿、白、蓝色调，对于孩子的情绪稳定有着不错的效果，也更有利于他们保持较长时间的专注力。

蒙台梭利认为：如果成人未能为孩子提供一个优良的环境，那么孩子便没有一个基础以建立起对各种关系的知觉。对于孩子来讲，整洁有序的环境，不仅会让他们更有安全感，而且更能满足他们秩序敏感期对固定程序的要求，同时他们会因为清楚物品的摆放规则，而不用分心去想哪种东西放在哪里，这样既可以保持情绪稳定，也有利于专注力持续。

3.一场痛快的哭泣

每个妈妈面对孩子的哭闹都会心疼或心烦。面对此情此景，大多数家长会选择妥协或者转移注意力，以便让孩子保持安静，做个乖宝宝。但这种做法也是在以爱的名义破坏孩子的专注力。因为哭泣对于一个小宝宝来说，也是需要全身心投入的一件事情。哭完了，情绪也就稳定了。所以，当孩子大哭大闹时，不妨让他们尽情地挥洒性情吧！

4. 提供有限的选择

很多家长都喜欢给孩子买一大堆玩具，却经常抱怨家里的玩具孩子玩一会儿就失去兴趣了，总是摸摸这个，看看那个，什么玩具都玩不过两天就不要了。

其实，选择太多反而会分散孩子的注意力。每次只给孩子拿出一两种玩具，因为可选择的目标少，反而孩子可以全身心投入地玩很长时间。没错，给孩子的选择太多容易破坏孩子的专注力。同样的，兴趣特长班的选取也是如此，选择1～2个孩子喜欢、擅长的即可，报的科目太多，反而不利于孩子自身的探索和发展。

5. 尊重孩子，避免中断式打扰

仔细观察孩子的兴趣，他喜欢画画，就给他一支画笔吧，让他的想象随色彩飞扬；他喜欢玩多米诺骨牌，就给他一个宽敞的空间吧，让排列的世界里散发出思索的光环。尊重孩子的兴趣，努力让孩子专心去做好一件事情。

非常重要的一点就是，当孩子拿着自己感兴趣的东西吃、摸、看时，这些举动都是注意力集中的表现。如果想要给孩子示范一种正确的游戏方法，就必须在游戏开始之前引导，游戏开始之后尽量不要去打扰，努力给孩子创造一个自主游戏的空间。在保证安全的前提下，鼓励孩子做新鲜的尝试，相信孩子的能力，不要轻易否定，更不要中途去打扰。

教育就是静待花开、牵着蜗牛散步的过程。耐心点吧，朋友们，让孩子更专注地做自己想做的事情，才是为人父母应该给孩子们的支持。

保护孩子专注力

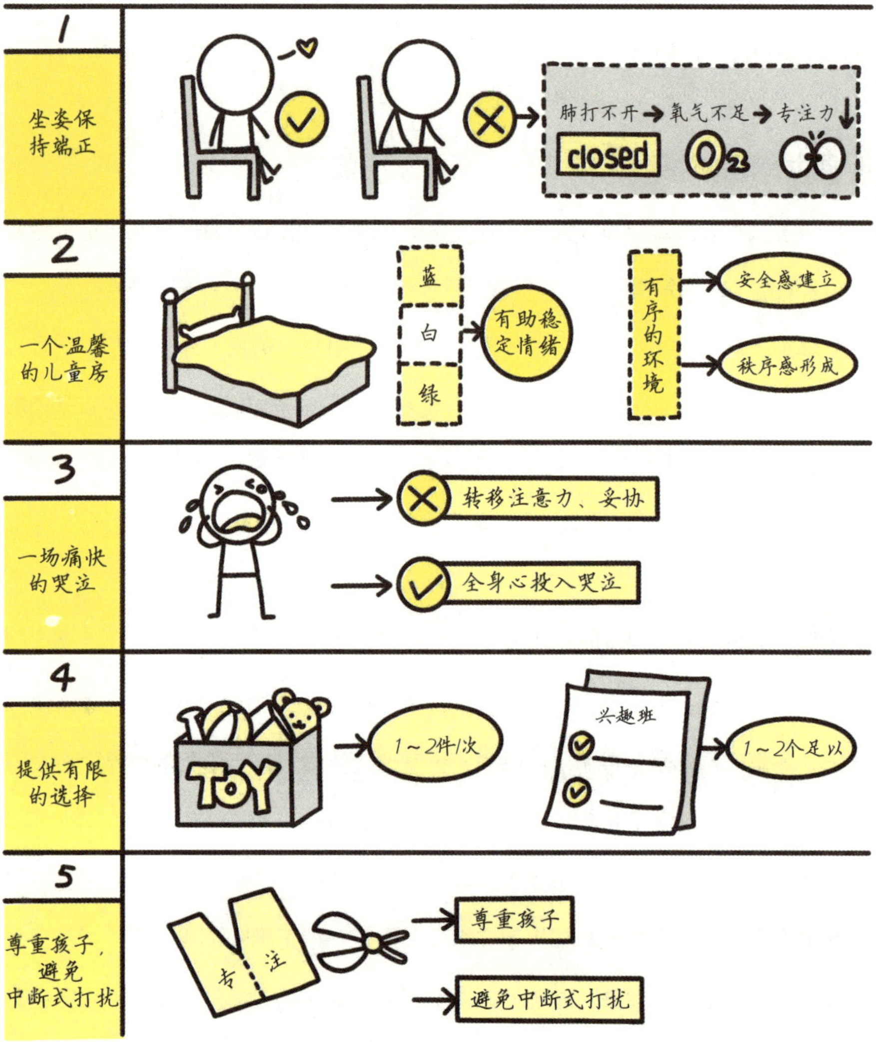

想了解孩子不同年龄段专注力水平可参考下表。

孩子的年龄	专注时长
2岁	4～10分钟
3岁	6～10分钟
4岁	8～20分钟
5岁	10～25分钟

杨洋博士有话说

★ 鼓励孩子的积极性，孩子思考的时候不要轻易打扰

★ 每天和孩子一起玩10分钟专注力游戏

Start ▸ 03

比起结果，孩子更需要你通过游戏陪伴他成长

场景 ▸▸▸ 03

小吕上初二了，功课越来越紧张，马上要月考了，可他每天仍然不紧不慢，作业也完成得马马虎虎。周五晚上，因为想上网和妈妈吵了起来。

小吕：妈，今天周末，我要上会儿网，问同学点事儿。

妈妈：那么多作业你做完了吗？周一就要月考，你复习好了吗？

小吕：这不还有两天呢嘛！

妈妈：两天？！你有多少单词、课文没背？上网干吗？问什么事？不就是和晓菲聊天！

小吕：我就不能有事问了？再说聊会儿天怎么了？

妈妈：初二了，最关键的时候！不好好上学，早恋倒是从不耽误。

小吕：谁早恋了？您从哪儿看见我早恋了？！

小吕妈妈说，小吕在成长过程中，好像每个阶段都会面临很多的挑战和问题：0～3岁很喜欢动手打人，乱扔东西；长大了一点以为好了，谁知道上了幼儿园又要面临他上学迟到、害怕分离等问题；等终于上完幼儿园，以为可以轻松一点了，却又要面临小学学业、人际交往等问题；终于上完小学了，没想到初中问题更大更难搞，又是早恋，又是考试压力、亲子冲突，哎，问题真的是层出不穷，招架不住啊。

听了小吕妈妈的话，非常有感触：是啊，孩子在每个成长阶段都会有一些困惑和问题，若能通过游戏的方式去引导，很多问题都可以迎刃而解。著名心理学家洪兰说过，游戏、运动和阅读是培养孩子最重要的三件事。

☑ 不同的成长环境造就不同的个性

但可惜的是，现在孩子玩的游戏和我们小时候大不相同：

以前孩子都是在大自然中玩，但现在几乎都是在室内，这在一定程度上局限了孩子的活动空间；

以前都是院子里很多小伙伴一起玩，现在很多时候都是孩子自己玩，这样孩子体会不到与小伙伴互动的快乐，同时也缺乏人际沟通的机会；

以前孩子们玩的大多是独创游戏，例如跳绳、丢沙包等，而现在多是益智类游戏，例如手机游戏，很难体会到自己创造各种各样游戏的快乐。

☑ 孩子的快乐幸福来自童年的滋养

若父母在孩子小的时候没有多去创造机会让他们拥有游戏的时光，那么大家可以想象一下孩子的未来将会是怎样一幅图景？

玩游戏是孩子的天性，于孩子而言，游戏就是他们的工作，幼儿期生活的中心就一件事：玩耍。通过游戏的方式发展他们的身心需求，同时那也是情感愉悦、发泄情绪的主要途径。孩子通过游戏寓教于乐，认知和学习。教育家蒙台梭利提出敏感期的概念，她认为，孩子在成长过程中会经历多个敏感期，而游戏是帮助孩子开发不同敏感期能力的最好方法。

有研究发现，敏感期能力得到充分发展的孩子头脑聪明、思考能力强、安全感充足。游戏不仅在这个过程中帮助孩子处理和释放了情绪，而且可以帮助家长维系和修复亲子关系，同时帮助孩子建立自信。

既然游戏对于孩子如此重要，那我们如何用游戏来帮助孩子发展他们的身心呢？

1.通过游戏帮助孩子处理及释放情绪

不同年龄段孩子都会面临一些挑战，因此也会积压一些情绪。

例如0～3岁的孩子，很多事情他们自己还不会做，需要大人的帮助和照顾，有时如果大人没有及时满足他的要求，他就会哭闹、扔东西、总要抱抱等。这一阶段孩子积压的情绪主要有害怕、难过、恐惧等，可以通过玩捉迷藏或抓人游戏来帮助孩子释放情绪。

对于4～6岁的孩子，他们的主要活动场所是幼儿园。在幼儿园会面临很多问题，比如与父母分离，学会适应集体生活，很多事情需要自己独立完成等，因此容易积压的情绪有分离焦虑、委屈、愤怒，这些情绪可以通过玩情绪抖抖乐、愤怒的气球等来得到释放。

对于7～10岁的孩子，他们开始上小学了，面对的问题就更多了，要应对写作业、准时上学以及考试等问题，在应对这些问题的过程中，孩子很容易产生压抑、挫败感、恐惧、无助等情绪，此时我们可以通过玩炸弹攻防、选择轮、丢沙包、警察格斗等打斗对抗游戏来缓解这些情绪。

对于11岁以上的孩子来说，他们面对的问题更是上升了一个等级，有校园欺凌、打架、网瘾、爱玩游戏等，而积压的情绪有无助、愤怒、抑郁、沮丧等，可以通过枕头大战、脱袜子对抗赛、撕情绪名牌等方式帮助孩子释放积压的情绪。

若孩子未能及时释放情绪，那么他便可能被情绪淹没，乱发脾气。他们也许会把气撒到别人身上，到处顶撞他人或打架，也许稍不如意就痛哭流涕，还有些孩子会选择逃避，躲进房间，把所有的情绪出口都封堵起来，这类型孩子看起来无精打采，一点生气都没有。著名心理学家弗洛伊德认为，未表达的情绪永远不会消亡，它们只是被活埋，并将在未来以更加丑陋的方式涌现。

因此，及时帮助孩子疏导情绪，每天进行情绪垃圾的清理，是重中之重的事情。当我们向小吕妈妈分享不同年龄段疏导情绪的方法的时候，她非常惊讶这些问题竟然可以通过游戏迎刃而解，可惜以前并不了解。

2.通过游戏帮助孩子解决问题

有些孩子干什么事都不主动，就喜欢与父母对着干。他们也许不是在对抗具体的事情，而是在对抗父母，因为没有人喜欢“被控制”的感觉。决定孩子行为的，不是大脑，而是他的感受，感受好才会表现好。因此，想让孩子变被动为主动，用游戏方式调整孩子潜意识上对这件事的感受，这才是最有效的方法。

例如文中的小吕每天起床都很拖拉，就可以通过“早晨套餐服务”来解决问题，具体步骤请见附录中的“日常生活时间安排表”，相信小吕会更愿意配合，亲子关系也会更加和谐。

《游戏力》的作者科恩极力倡导通过游戏的方式来化解孩子之间的冲突。有一次他看到两个孩子打架，他大喝一声“你们有本事，就跟‘大块头’打”，然后便张牙舞爪地扑向他们，两个打架的孩子被他逗笑了，于是就追着他跑，科恩装着惊慌的样子，游戏就这样被启动了。科恩通过游戏很顺利地解决了一场冲突。等他们玩开心了，再给予一些引导，相信孩子更愿意配合和改变。

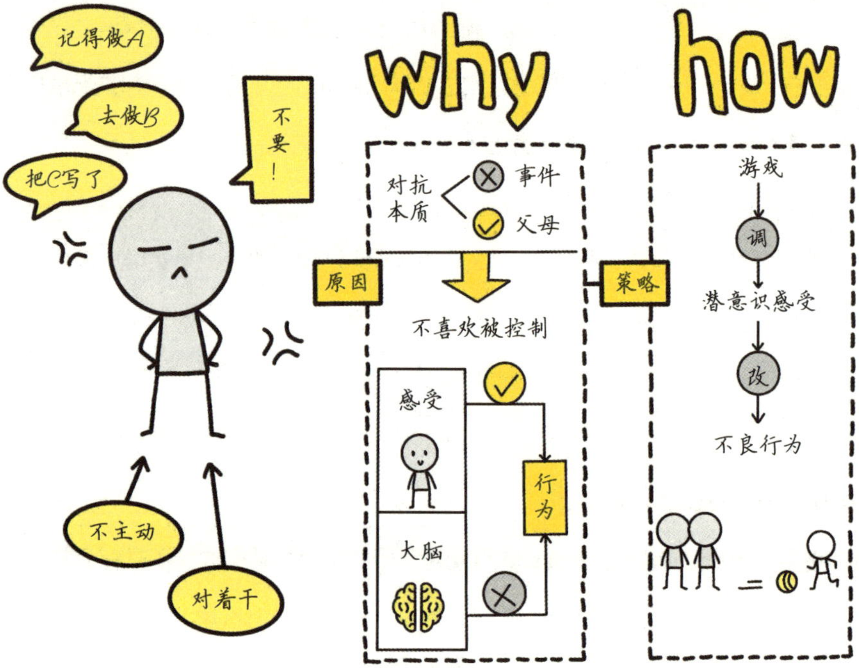

3.通过游戏帮助家长维系和修复亲子关系

亲子关系远远重要于亲子教育，若亲子关系不好，那么父母是很难教育好孩子的。而游戏是帮助家长与孩子修复连接最好的方式。对于幼儿期的孩子来说，用游戏修复关系相对容易。青春期的孩子已经很有主见，想要通过玩游戏来修复关系就不那么容易了，不过可以通过每周与孩子建立“心灵时光”的方式来改善关系，比如父母可以每周抽出一天时间与孩子一起相处，运动、打球、卡拉OK等游戏都是不错的选择。

4.通过游戏帮助孩子建立自信

在心理学上，有一种疗法叫游戏治疗，它的原理是通过游戏将儿童内在的焦虑外显化，在此基础上解决他们的心理和行为问题。

通过游戏可以让孩子增加对自我行为和情绪的认知，加强自我面对困难的信心和能力，游戏可以帮助孩子重新建立归属感和价值感，重新找回自信。可以通过打斗、角色扮演等方式，例如蒙眼贴面、袋鼠袋鼠跳跳跳等游戏，让孩子多赢来帮助他们重拾自信。

几乎每个孩子都是因为爱而来到这个世界。在孩子的成长过程中，比起结果，孩子更需要爱的滋养，更需要我们通过游戏陪伴他们成长，这样他们的童年将充满欢声笑语，他们也会由此更加健康快乐地成长。

杨洋博士有话说

- ★ 通过游戏帮助孩子处理及释放情绪
- ★ 通过游戏帮助孩子解决问题
- ★ 通过游戏帮助家长维系和修复亲子关系
- ★ 通过游戏帮助孩子建立自信

Start ▸

04 不要替孩子做决定，家庭中最重要的是“团队感”

场景 ▸▸▸ 04

2019年7月的某天，因为填报高考志愿，言言和妈妈发生了激烈的冲突。言言一气之下跑到同学家住，妈妈气得在家默默流泪。

言言：我就是喜欢通信专业，就想报西安电子。

妈妈：天津没有好的大学和专业吗？为什么非要去西安？！

言言：从上高三开始，我就一直在了解相关的信息，全国高校中西电的这个专业是最好的，我为什么不能选？！这是我的人生！

妈妈：我还不是为你好吗？西安那么远，人生地不熟的，遇到什么事谁管你？！

言言：从小到大，你总说为我好为我好！什么都是你们替我做主。我已经成人了，我的人生我要自己做主！

妈妈：你怎么这么不听话？我是你妈，我还能害你吗？！

最近遇到了一个来访者，说自己不愿意让孩子到外地读大学，希望他可以留在本地，问我如何能说服孩子留下来，她说都恨不得帮孩子填志愿了。看到她焦虑万分的样子，我问她是否和孩子深入沟通过。她说孩子就是不听她的，她说什么孩子也听不进去，自己没读过什么书，就怕孩子报外地的大学不学好啊。

妈妈继续说："我苦口婆心地叫他别去外地读书，我说我是你妈，我还能害你不成？"这位妈妈的理由非常冠冕堂皇，她其实是在用自己的家庭地位强迫孩子服从，从而使孩子失去了选择的权利。有些父母甚至没有经过言语劝导，而是直接就替孩子做了决定。

想起之前看过一个关于高考报考的视频，孩子考了不错的分数，填报了心仪的学校却没收到录取通知书，当他来到大学招生办，招生办老师的回复让他大吃一惊，他被告知自己根本没有填报这所学校，所以自然不会被录取了。原来，是孩子的妈妈给孩子报了专科学校。妈妈之所以做这一决定仅仅是因为她觉得孩子成绩一直都不好，怕孩子考不好还得复读。妈妈万万没有想到，孩子这次竟然考得这么好。本来是想孩子能学技能养活自己，也是为了让孩子能有个稳妥的未来，初衷是可以理解的，但是，未来是孩子自己的，妈妈却在孩子不知情的情况下随便更改了孩子的志愿。在她看来，这是基于对孩子的爱，但实质上却剥夺了孩子选择的权利。

☑ 了解孩子不是禁锢孩子的借口

对于很多父母而言，他们认为自己要对孩子的未来负责，更要替孩子把好每一关，铺好人生的每一步路，为孩子的人生做好每一个决定，生怕做错了，生怕走弯路。但这份爱却让孩子步履维艰，父母没有尊重孩子，也没有顾及孩子的感受，而是以爱的名义来操纵、约束孩子。出现这种情况其中根深蒂固的原因有两点，一是父母担心孩子没有能力做决定；二是觉得自己非常了解自己的孩子。

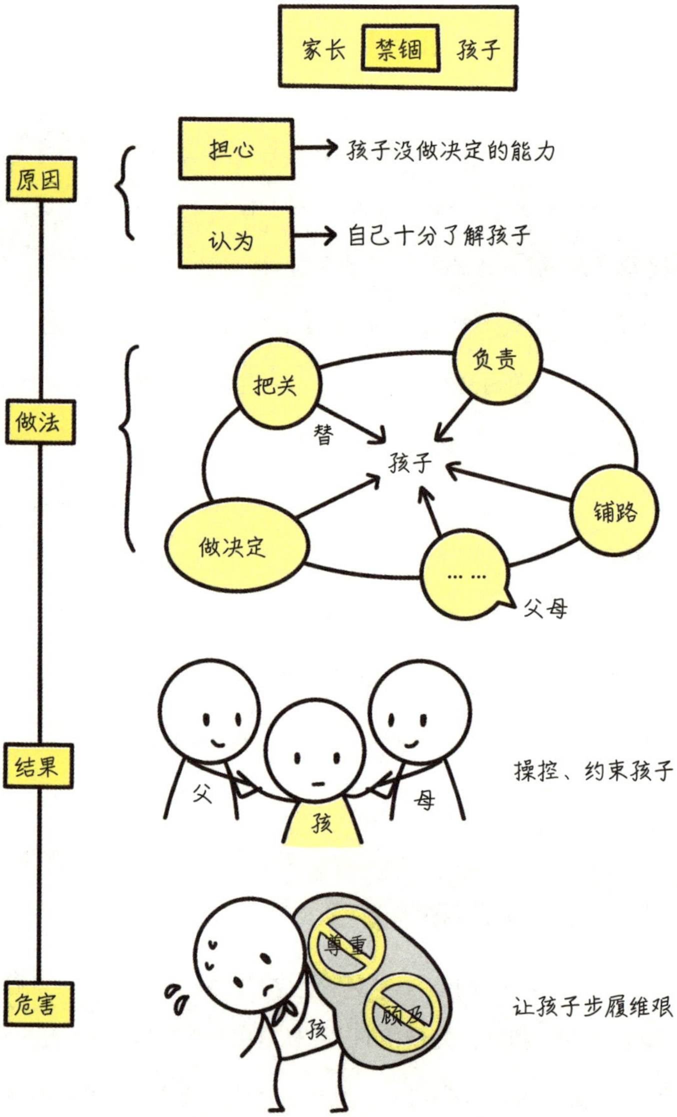

但父母真的了解自己的孩子吗？针对这一问题，有关杂志曾做过一个调查问卷，给父母的问题是“你觉得你了解自己的孩子吗？”给孩子的问题是“你觉得你的父母了解你吗？”结果显示，超过一半的父母认为了解自己的孩子，可是只有两成孩子觉得父母了解自己。所以双方在同一个问题上存在很大的认知偏差。

能为孩子人生负责的人是他自己

心理学家表示，家长自作主张地替孩子做决定，实际上是把孩子当成了自己的附庸，这样做并不会对孩子产生积极的影响。这样的父母还有很多，他们不顾孩子的想法，将孩子当作木偶一般，要求孩子对自己的命令绝对服从，这种模式潜移默化地影响着孩子，让孩子慢慢丧失了自主性。

例如孩子考大学的时候，如果是父母选择的学校或专业，而孩子对这一学校或专业又不是很喜欢，那么他主动认真学习的概率就不会很高。因为不是自己选的，所以孩子就不愿意去付出。在孩子的意识里，父母的选择与自己并没有多大关系。就像种田一样，在孩子自己的生命田野里，父母已经勤勤恳恳地劳作了，孩子就可能会想：你们忙，我歇着了！

谁来为自己的选择负责呢？只有自己。我们会去选择，并为自己的选择负责任，这是人的本能。因此，父母在养育孩子的时候，要时刻记得孩子是独立的个体，拥有属于自己的人生，这个人生我们可以建议，却无权选择。

那如何让家长放下内心的焦虑，让孩子自己做决定呢？这里给大家几点建议。

1.阶梯效应，逐步放手

家庭给一个人的支撑应该是团队感，而不是支配感。华人NLP大师李中莹老师说过，家长唯一要做的事，就是培养孩子自己照顾自己人生的能力，在培养孩子的过程中，父母起到的主要作用是引导，而非替代。

正是因为父母无条件的支持，从不干涉孩子的选择，知名漫画家蔡志忠凭借自己的爱好创作出了《庄子说》《老子说》等陪伴无数孩子童年的优秀作品；出身理科世家、被清华大学电子工程系录取的高晓松，为了音乐梦想放弃了自己的专业，最终在音乐的道路上颇有造诣。

父母总是依据自己的经验或体验来为孩子做决定，他们没有考虑过这些决定是否适合孩子。其实，父母又怎么有办法为孩子的未来做决定呢？父母的建议只能作为参考。随着孩子慢慢长大，父母应该学会逐步放权，不是忽视，更不是放任不管。“管教”的最好结果就是在“管教”结束以后，父母和孩子的内心感觉都是良好的，双方不会因为“管教”而情绪激动，失去控制。我们在给孩子建议的同时，允许孩子自己做决定，也尊重孩子的决定。那么父母如何逐步放权呢？大体可以分为这么几个阶段：三五岁的时候告诉孩子他们应该怎么做，七八岁的时候给他们一些授权，读了大学以后，他们就应该完全做自己的主人了。

2.放下“我都是为了你好”的身份，与孩子站在同一阵线

在一个家庭里，父母要尽量营造平等、自由的家庭氛围，这样才更有利于问题的暴露与解决，也更有利于孩子的成长。

“每个人都是个体，你要尊重他。他的性取向、他的爱好，他的任何东西，你都要尊重他、接受他，这是和平相处的一个基准。”这是早年李安在拍完电影

《喜宴》之后接受采访时说的话。

孩子是独立的个体，我们应该尊重他，他有他的生活，我们有我们的生活。孩子大了，放手才是最好的爱。相比于站在孩子头顶操纵和指导孩子，不妨选择站在孩子身边，成为“坐在路边鼓掌的人”，为孩子的成长和独立而感到欣慰和自豪，也始终支持和相信孩子，只在必要的时候给出建议。陪伴能够带给孩子的不仅是勇气和动力，更是无形的指引，指引孩子去寻找一条适合自己的路，而不是盲目听从父母或者是他人的意见。

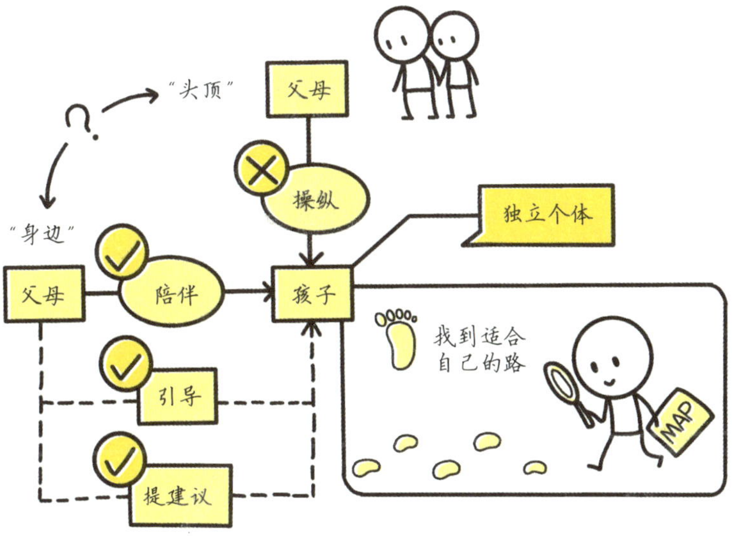

只有这样，在家庭中，孩子才能获得更大的动力和支持，而不是将家庭、家长的规则看作一种约束。如心理学教授李玫瑾说的，父母不要替孩子做决定，孩子的人生道路需要自己走。

3.通过启发式提问引导孩子慢慢学会为自己的选择负责

人生有很多选择，如何去选，只有自己说了算。当父母一味地剥夺孩子的权利，就相当于折断了孩子的翅膀。也许父母觉得这样说不对，他们认为帮孩子选择能让孩子更安全，然而父母却没有想过，因为从来没有自己选择过，所以当有一天必须自己选择时，孩子便会束手无策，这就如同有一天孩子想“飞”了，却再也没了“飞翔”的能力。当孩子很小的时候，他们还不具备自己为自己做决定的能力，我们可以通过提问启发引导孩子。例如，周末带孩子出去玩，可以问他：“你是想去玩沙子，还是想去玩水？”让他自己选择，自己做决定。而选择后的结果可能并非如他期待般美好，但这一过程却让他学会了接受，进而慢慢为自己的选择担当起责任。

家长既要将选择权还给孩子，同时也要尊重孩子的选择。比如你让孩子选择，要么把作业做完了玩半小时电脑，要么现在回房间睡觉。如果孩子宁愿选择去睡觉也不写作业，那么家长不要逼迫孩子做作业，让他自己去承担后果。

幸福不是人生中没有问题，而是我们知道怎么解决这些问题。家长要做孩子的支持者，而不是控制者。在他们成长的过程中，不可避免地会遇到挫折、面临难题和困境，事实上，人生路上的风雨，谁又能够全都安然躲避？我们所能做的最有意义的事情，不是替他们规避一个个风险，铺设一条完美的成长之路，而是让他们有勇气自己面对风雨。

4.通过家庭会议引导孩子做决定

俞敏洪曾在直播中表示，对于填报高考志愿的决定权，应该由学生自己来决定。俞敏洪说，自己曾遇到过不少大学休学、辍学、退学的学生，他们之所以做出这样的决定，很多都是因为不喜欢自己的专业，而且几乎一半以上的学生坦言所学专业是父母决定的，现在中断或放弃学习其实就是在报复父母。俞敏洪建议，家长可以与孩子充分探讨，但是不要为孩子做决定，尤其不要在孩子反对的情况下强行为孩子做决定。可以通过家庭会议的方式来引导孩子做决定。家庭会议民主决策的机制给了孩子发言、表达真实想法的机会，是一种很好的引导他们去思考、去磨炼的方式。家庭会议还创设了一种团队协作的环境，这一环境对于孩子在其他组织中的团队感建设也是很有帮助的。

父母与孩子终将分离，分离时，孩子也许已经做好了独立的准备，但父母是否也做好了放手的准备呢？这是每一位父母需要尽早考虑的。

杨洋博士有话说

★ 阶梯效应，逐步放手

★ 放下“我都是为了你好”的身份，与孩子站在同一阵线

★ 通过启发式提问引导孩子慢慢学会为自己的选择负责

★ 通过家庭会议引导孩子做决定

Start ▸ 05

欺凌行为，不要因为孩子小而忽视它的存在

场景 ▸▸▸ 05

聪聪独自走在放学回家的路上，远远地看见班里几个大个儿男生向他走来，都不知道这是这学期第几次了，聪聪不知道这次等待他的又是什么。

阿志：聪聪，去给我们买几根冰棍。

聪聪：可是今天我没带钱。

阿志：没带钱？骗谁呢！过来，我搜搜你的书包。

聪聪：不能搜，上次你就把我的书撕坏了。

阿志：不能搜？！哈哈，聪聪说不能搜。大家说怎么办呀？我看能搜不能搜……

说着阿志上前推倒聪聪，抢走了他的书包，聪聪看着散落一地的书本文具，默默地流下了眼泪。

在公司和同事们聊天，由《长江七号》里的小迪被欺负的情节，大家纷纷谈起了自己在校园被欺凌的经历。

同事Apple说，自己小时候个子不高、成绩不佳，因此被同学们叫花名，一直很自卑，一度非常排斥上学。

同事Becky说，自己是南方人，考到北方的大学后一直无法融入寝室，被同学排挤，总是形单影只，以至于一想起这段往事，就忍不住难过起来。

其他人听了，也都回想起自己当年班级里也曾有这样的“Apple同学”和“Becky同学”——这个话题引起这么多共鸣，其实是有原因的：欺凌行为如此常见，它在我们的记忆里，在每个孩子身边……

此时，同事CC笑着说：“这还不算什么，我说说我的故事。”于是大家都停下来，倾听她的过去。

CC是班上的英语课代表，每天要在班上带读。有几个调皮的同学总是不认真。她责任心强，不愿意视若无睹，于是便把他们的名字记在了黑板上来督促学习。没想到，这个举动得罪了他们，从此噩梦开始了——只要老师不在教室，她总会受到矿泉水瓶子的背后袭击，她不敢回头看，只听到很多男同学起哄大笑，从来没有一个同学为她说句话。她上台带读，就有同学起哄“别读了！”轰她下台，她感觉很丢脸，也很无助，只能眼泪汪汪地站在台上被嘲笑声淹没。

尽管如此，她从来不会把学校发生的事情告诉父母，因为爸爸长期出差，妈妈整日忙于工作，她从来没有觉得父母是自己的后盾，觉得说了也没用。同学见她好欺负，于是变本加厉地折磨她：晚自习后，自行车被放气，车胎都被拆掉了；回家路上，班上的男生突然出现，恐吓她说，要是再在黑板上记他们的名字，报复就会很快到来；她的同桌，一个看起来很有礼貌的男生，会在上课的时候悄悄把手搭在她的大腿上猥亵她，还威胁她不能告诉老师。

后来，她只好辞掉了英语课代表的职务，她不想再被哄下台，不想被那几个男生继续恐吓……

这些事情成了她心里的阴影。她回忆说，这件事后，她总是一个人独来独往，觉得上学没意思，想退学。她觉得班级没有温暖，老师是不可靠的，整个世界都是灰暗的。

☑ 校园欺凌无处不在

“上学路上的每一步都像在走向坟墓。”——曾有记者采访一位遭遇欺凌的受害者，她这样描述自己的感觉。

校园欺凌，主要包括身体欺凌（身体伤害、敲诈勒索、强占物品等），言语欺凌（威胁恐吓、取恶意的外号、当众嘲笑等），社交欺凌（编造恶意传闻、孤立排斥等）。欺凌对学生造成的伤害确实是极大的。

以往有研究表明，青少年时期长期遭受欺凌会导致大脑结构发生急剧变化，表现为灰质体积减小和白质体积增加，由此会对精神健康造成长久影响。青少年时期的创伤性体验会引起情绪调节、冲动管理、奖励回馈等对应脑区体积减小，因此在成年后出现问题。

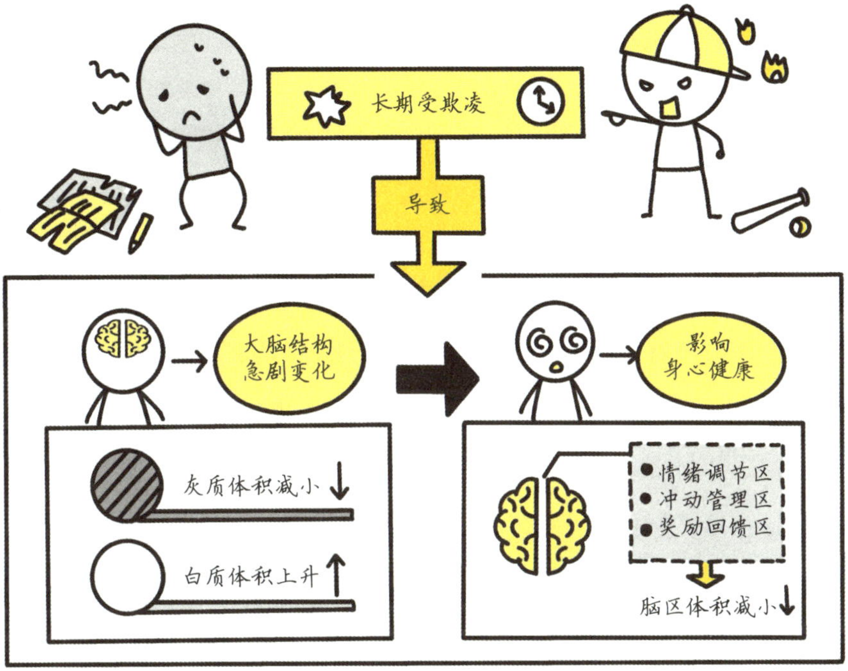

伦敦国王学院的 Quinlan 教授等人针对“青少年欺凌对大脑发育的影响”开展了一项前瞻性纵向研究，试图从精神病理学上阐释各因素间的关系（文章于2018年 10 月发表于Molecular Psychiatry），也对此提供了佐证。该研究共纳入 682 名受试者，均为一项影像学纵向研究中遭受欺凌的个体。受试者们在14、16或19岁时有过受欺凌的经历，并在14和19岁时进行MRI造影。研究者对受试者背景进行分析后，依照欺凌形式进行分组，将其受害经历、大脑体积变化和19岁时的抑郁、焦虑、多动症状相关联。研究数据表明，逆境会导致人的情感反应系统长期处于激活状态，这对心理健康会有很大危害，尤其对于正处于发展期、大脑可塑性较强的儿童来说，这种慢性压力甚至会永久地损坏大脑神经元。而一旦身体、心理以及行为上的负面影响引起愈加严重的欺凌，那么欺凌最终会形成一个持续伤害孩子身心健康的恶性循环。

欺凌者也存在心理问题

与此同时，欺凌者往往也并不会因此获益。相反，欺凌者在欺负他人时可能会体验到强烈的愤怒、羞愧、罪恶感。此外，欺凌行为可能是从父母或亲近的人身上习得的行为模式，这类孩子有很高的患有抑郁、焦虑情绪障碍以及自杀的风险。据调查，小时候曾是校园欺凌者的孩子，在长大后有更高的风险参与暴力事件、酗酒、吸毒以及其他犯罪行为。

我们总觉得孩子是无忧无虑的，孩子的世界是单纯的，实际上，欺凌的发生比我们想象的要频繁得多、普遍得多。据腾讯新闻发布的《看见校园霸凌：公众认知调查数据报告》显示：在36 000名受访者中，超过一半经历过校园欺凌，其中35.7%是受害者，24.2%是欺凌者，40.1%是旁观者。另有联合国教科文组织发布的全球校园欺凌现状报告显示，目前全球每年有2.46亿学生因欺凌而感到痛苦。

欺凌的发生不仅仅是欺凌者和被欺凌者之间的事。在欺凌的情景里，通常有欺凌者、被欺凌者、旁观者3个角色。在欺凌问题的解决中，我们往往忽视了旁观者的作用：冷眼旁观会助长欺凌者的气势，使其自认为无所畏惧，从而加重欺凌行为再度发生的概率。根据2017年中国人民法院的数据显示，59%的学生在看到他人受到欺凌的时候，都会选择沉默。

马丁·路德·金曾说：“最大的悲剧，不是坏人的嚣张跋扈，而是好人的过度沉默。” 面对欺凌，我们自己首先不能成为沉默的围观者，更不能当起哄者。大声指出错误，将是改变的第一步。诚然，旁观者不被期待背负判断对错的责任，甚至如果他们挺身而出，结果并不一定往好的方向发展。但是无论如何，欺凌是不正义的，很多时候，只有旁观者的发声能为受害者带来改变的机会。显然，挺身而出，引领大家做出改变，需要巨大的勇气和共情能力。

那么，如何做才能避免孩子受欺凌？如果发生了，我们该如何应对？下面主要从家庭、学校和社会三个方面提供建议。

1.在家里，父母需要做到以下几点

（1）培养正确的道德观。孩子犯错的时候要及时沟通，不要动辄以打骂作为教育手段，而是要和孩子探讨背后的道理，切忌因为冷暴力导致孩子不明是非、心理阴暗，最糟糕的是阻断了亲子沟通的渠道。这可能会使孩子无法应对未来的巨大冲突而引起过激的伤人行为。父母还要有意识地避免孩子变成“小霸王”，不要溺爱孩子，导致孩子任性骄横，不懂得尊重别的孩子。

（2）营造和谐环境，远离暴力因素。在孩子身边的时候，大人在交谈中要避免暴力情节，相互之间也应当和平处理争议，为孩子做好榜样。平时有意识地带孩子远离暴力影片、血腥游戏等，并和孩子一起讨论试图用暴力解决问题的后果是什么。

（3）引导孩子正确应对欺凌行为。对于低龄儿童，家长可以与孩子玩“校园欺凌”的角色扮演游戏，观察孩子在旁观欺凌或被欺凌的时候是如何应对的，以及是否已经遭遇过此类创伤。家长可以演练各类可能发生的情景，培养孩子正确的应对方式。这也是帮助孩子避免欺凌非常好的方法。

（4）留心关注孩子的求救信号。有些孩子遇事不会主动告诉父母，害怕被父

母指责，不想被父母发现。父母需要给予孩子更多高质量的陪伴，留意孩子的情绪和行为，让孩子知道“爸爸妈妈会永远保护你，向爸爸妈妈求助并不丢脸”，从而大胆说出自己的困境。一旦发现孩子的异常行为，比如性格的突然变化、明显的焦虑、拒绝上学等，这些也许就是他正遭遇校园欺凌的信号，此时要尽快联系学校或求助专业人士，帮助孩子及时脱离阴影。

（5）欺凌者的家长要及时引导孩子。不但要明确告诉孩子这样的行为是错误的、不被允许的，还要花时间陪孩子了解具体错在哪里，给其他同学造成什么伤害，并为他制定相应的行为规范和有效惩罚措施。家长可以与学校合作矫正孩子的攻击行为。如果孩子情况严重，还要请专业人士介入。

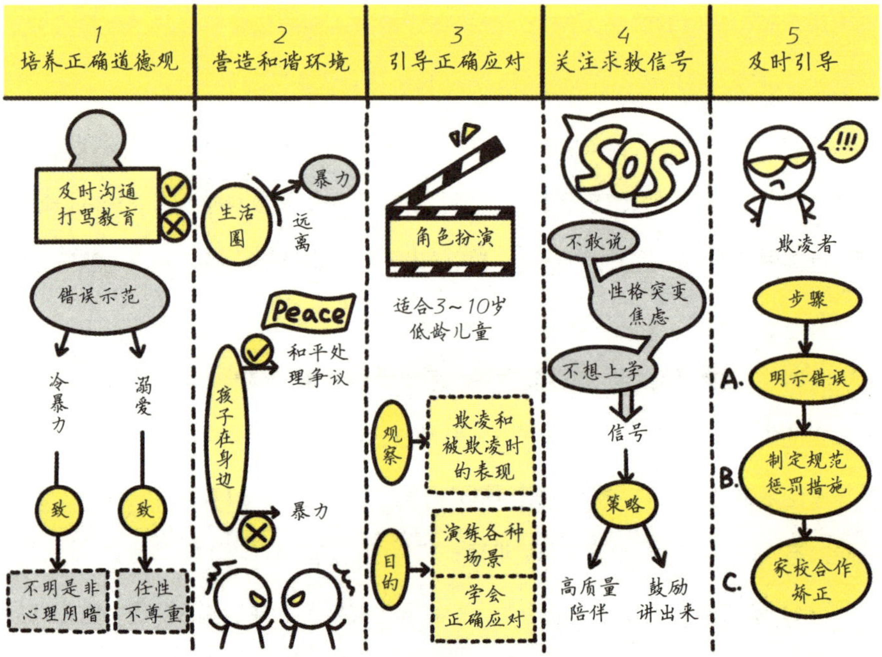

比如前文提到的CC，虽然她的爸爸很忙，但是如果这位父亲出差前习惯说一句“有事和爸爸说，爸爸是你最大的靠山哦”，是否CC会更有勇气坦白她的遭遇？如果扔水瓶学生的父母教育过他们“暴力不会解决问题，只会制造更多的问题”，他们是否会为以多欺少的行为感到羞耻，而选择用更温和的方式向CC提出不想被当众记名的请求？

2.在学校，老师需要做到以下几点

（1）引导孩子换位思考，鼓励孩子保护同伴。在绘本《不要随便排挤别人》中，讲述了这样一个故事：汤姆被班里新来的“小霸王”欺负，不想去幼儿园，他的好朋友保罗鼓起勇气把这件事告诉妮娜老师，于是老师带大家做了“边缘人”游戏。游戏中，任何人都不能和扮演“边缘人”的同学说话或打招呼，要“视而不见”，然后邀请所有当过“边缘人”的同学来分享感受，包括“小霸王”。孩子们纷纷告诉老师“没有人愿意跟我说话的时候，我觉得很难过”“心情真是糟透了”，就这样，老师通过游戏巧妙地化解了班里这场危机，让大家了解了被孤立的孩子的感受。

最后，老师告诉大家：“有时候，向别人伸出援助之手，或者和他并肩站在一起是需要勇气的。但是，当你真的这样做了，就会明白和朋友在一起的感觉真好。”这句话其实是肯定了保罗勇敢保护同伴的行为。

实际生活中，也许因为孩子们的小心思，很多时候老师们未必能够发现欺凌行为的痕迹， 但是关于换位思考和勇敢保护弱者的教育却可以对此起到很好的预防作用。

（2）持续开展安全法制教育和心理健康教育。一些霸凌者在被问起为什么要霸凌别人时，表示是因为处于特权小圈子中的虚荣心和傲慢在作祟；也有些孩子说是因为自己太弱小了，为了自保，所以加入“霸凌者”行列。在这些因素的驱使下，他们肆意地欺凌同龄孩子，通过辱骂、殴打等行为换取自己的满足感。

从他们的回答中可以看出，正是因为安全法制教育和心理健康教育的缺位使得他们没有与人平等、不得伤害他人的法制观念，也没有自我审视、自我反思的心理调节能力。老师有必要让孩子们了解霸凌行为应当承当的法律责任，以及明确指出霸凌行为背后每个欺凌者和帮助者的心理，告诉孩子们真正的强者不会欺凌弱者，相反，而是会保护弱者。

(3) 积极组织协作活动，加强团队互助意识，让同学们互相协作、互相帮助。有心理学家研究指出，孩子在逆境中面对各种压力时，如何坚韧地保持自信和爱心，最首要的发展因素是人际支持。在学校，孩子们需要老师和同伴的认可和鼓舞，从而不断克服挫败感，不断尝试，最后蜕变成新的自我。反之，如果挫败感没有得到及时关照，那么他们的心灵便可能布满阴霾，甚至长大后都很难摆脱。互助意识可以促进被欺凌者寻求帮助，鼓励围观者做出正义的选择，从而和霸凌者进行坚持不懈的对抗。

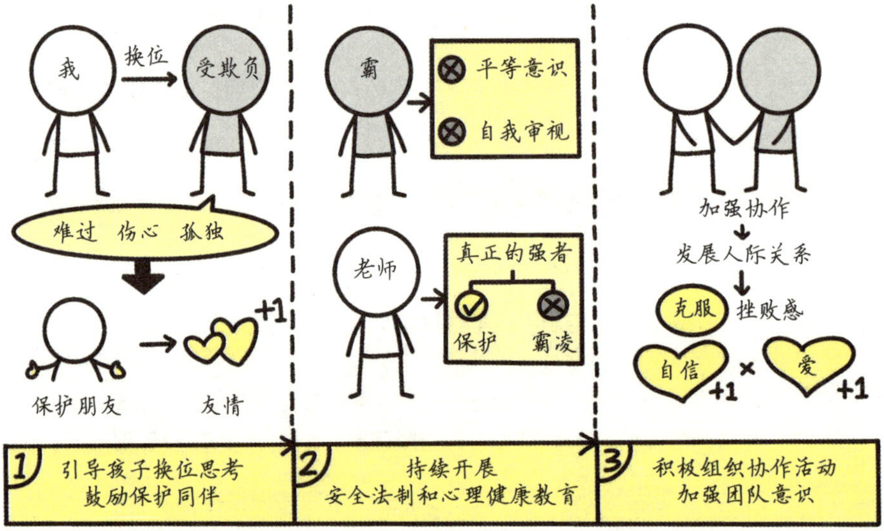

试想CC的同学中，如果有人站在CC的角度感受她的悲伤，并敢于在面对欺凌的时候和CC站在一起，那么她就不会在被扔水瓶的时候不敢回头，独自面对整个教室的哄笑声了。如果老师能够组织同学们相互协作，那么便会给她更多和同学们产生联结、得到同伴支持的机会，从而使她不再是孤身一人。

3.学生自身要做到以下几点

（1）多多锻炼，强健体魄。《胆小鬼威利》是一本很有趣的书，书中的威利是一只身体瘦弱的大猩猩，而且非常懦弱，即使被人欺负也会先道歉。为了让自己强大起来，他开始吃营养大餐，参加有氧运动，学拳击……慢慢地，威利感觉自己有了更强健的体格，甚至鼓起勇气救了一位被坏人欺负的女士。孩子们的世界并不完全单纯，也有残酷的丛林法则，让自己变得优秀和强大，就不会再畏惧各种无聊的挑衅。这种体格健壮带来的直接优势，在10～16岁之间表现得最为明显。

（2）建立自己的“朋友军团”。受欺凌的孩子往往有一个共性，即想法独立、缺少朋友、经常落单、性格内向，并且很少与老师同学沟通。其实孩子们需要明白，每个人都是独一无二的，但这不代表他们应该独来独往。学会表达自己的想法，学会和自己有所差别的人做朋友、建立自己的朋友圈，最好成群结队地上学和回家，这些都可以在一定程度上避免欺凌情况的发生。

CC本身是一个女孩子，可能体格无法震慑到其他同学，但她仍然可以有一个强健灵活的身体，有自信独立的气质，使她能够抵御肆无忌惮的伤害，吸引善良正直的朋友，建立自己的朋友圈，从而勇敢地对抗来自外界的欺凌。

英国著名诗人约翰·多恩说过，“没有人是一座孤岛，可以自全，每个人都是大陆的一片”，就如校园欺凌，我们谁都无法保证不受它的伤害，让我们联手给孩子们建立一个安全和谐的校园环境吧。

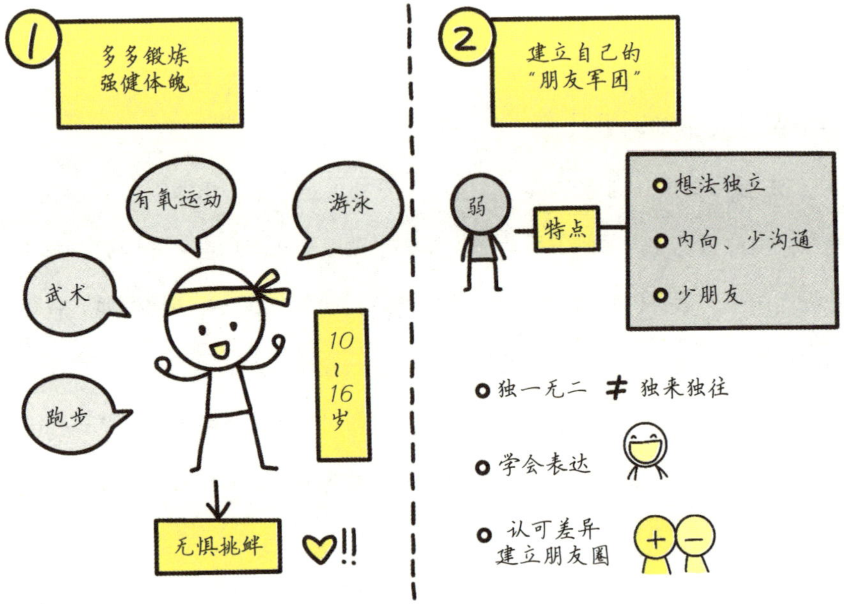

杨洋博士有话说

★ 作为家长，培养孩子正确的道德观，留心孩子的行为动态

★ 作为老师，开展安全法制教育和心理健康教育，加强学生互助意识

★ 作为孩子，锻炼强健体魄，建立“朋友军团”

亲子篇

不骂不吼，带出高情商孩子

第6章

培养高情商孩子的秘密，偶尔也把孩子当大人看

Start ▸ 01 培养孩子的利他心，是送给孩子一生的“护身符”

场景 ▸▸▸ 01

周末，妈妈带着晨晨去科技馆，地铁里的人好多呀！

晨晨：妈妈，地铁里人好多呀！

阿姨：小朋友，坐这儿吧。

晨晨：谢谢阿姨！

几站后，上来一位奶奶。

妈妈：晨晨，现在谁更需要这个座位呢？

晨晨：老奶奶，您坐这儿吧！

老奶奶：谢谢小朋友！

这是生活中随处可见的场景，一个座位就像一颗爱心，从一个人传递给了另一个人。日本著名企业家稻盛和夫曾说过，所有的成功之道，抵不过八个字——敬天爱人，利他之心。可见利他心是多么的重要。利他心从小处讲是习惯，往大处说是能力，再高一些就是智慧了。拥有利他心的孩子，在未来的人生路上也会拥有更多的快乐和更大的成就。

最近有个家长很苦恼，说自己的儿子自私自利，喜欢恶作剧，心里从不想着别人。他会在小区放鞭炮，故意吓哭年纪小的孩子，也会将经过小区门口的人吓一跳。看着大家惊慌失措的样子，他就哈哈大笑，很得意。

而在新闻报道中，我们会看到类似的事情时有发生。比如：

四个10岁左右的孩子将小区的车辆大面积划花，只因为好玩；

8岁的孩子用打火机将服装店外展示的衣服点燃，引起市场大火，让商家损失惨重；

一个14岁的孩子将灭火器从窗台处推落，砸中楼下孩子的头部，导致其受伤，血流不止；

公交车上，孩子不愿意给老人让座，还叫喊着“凭什么要我让座”……

我们常说父母是孩子最好的老师。当孩子出现这些行为时，家长应该及时纠正，帮助孩子树立正确价值观，培养孩子的利他心，这样才能避免孩子形成自私自我的个性。然而生活中，我们常看到有些父母追求利己主义。在教育孩子的时候常会说：

“午饭可口时，你要多拿点，多吃点；

“不要当班干部，服务同学太浪费时间；

“不要教同学，教会他了，他的考试分数就比你高了”……

这样做虽然表面看似乎孩子得到了更多，但事实上却是一种失去。最让人难过的是，当孩子没有利他之心时，常常会因贪图好玩而赔上一生。

正如文中的新闻事件提到的，划坏小区车辆的孩子被告上了法庭，要求孩子的父母至少要赔偿车主150余万元；那个纵火的男孩被少管所抓了起来；那个推倒灭火器的孩子年纪轻轻就进了监狱，因为他推倒的灭火器刚好砸中一个孩子的脑袋，孩子最终因失血过多而死亡……

宇宙有个法则叫能量守恒定律。这一定律得到了不同领域科学家的验证，就是能量既不会凭空产生，也不会凭空消失，只能从一个物体传递给另一个物体，而且能量的形式也可以互相转换，而能量的总量保持不变。

其实，从某种程度上讲，人生也是"能量守恒"的过程。当你付出时，在未来某一天或许也会得到他人的回报。所以，孩子虽然在班里得到了好的食物，却失去了分享给他人的快乐；孩子不付出自己的精力和时间为他人服务，自然得不到更多的成长和友情。而当孩子利于他人时，在未来某一时刻他或许也会得到他人的帮助和支持。

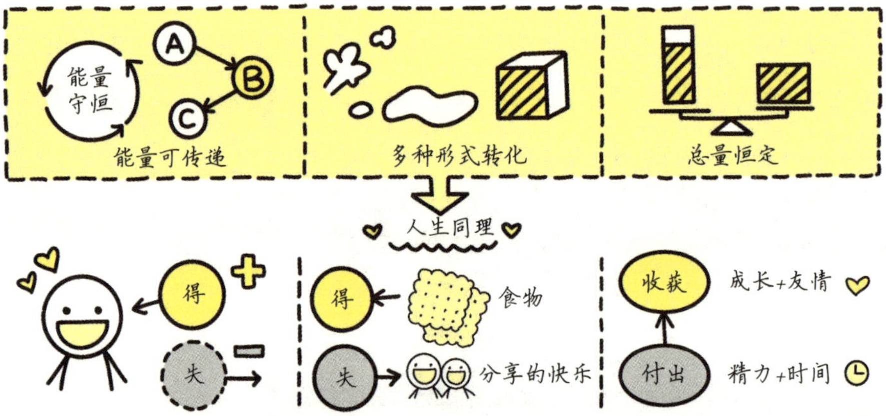

老子《道德经》里也一直在反复强调一个道理，就是我们跟世界是一个整体，你发出善的信息，世界会向你回馈。如果孩子心中只装着自己，不装他人，那么他便容易形成以自我为中心的自私心性。家长要培养孩子为他人着想，心中有他人，给予他人帮助，不求回报的良好品质，这样才能帮助孩子持续地、良性地成长，并走向幸福。

如何培养孩子的利他心

1.培养孩子的利他思维，心中有他人

培养孩子的利他思维，就是让孩子在做具体事情时，尽量先考虑他人。就如前文提到的：如果划车的孩子拥有利他思维，能想到车主看到划痕会难过，他也许就不会那样做；如果用打火机点燃衣服的孩子拥有利他思维，能想到引起的火灾会伤害他人，他也许就会停下来。当我们伤害他人的时候，也会让自己陷入困境。但如果能够选择帮助他人，那么就会提升自我价值感，就会认识到自己是对别人有用的人，这个世界是需要我们的，同时我们也会得到别人的帮助。

生活在这个世界上，我们需要彼此联结，彼此帮助。家长要让孩子知道我们和他人都是彼此相依相连的。只有拥有利他思维才能更好地融入环境，进而被环境认可和接受。

我们也看到很多拥有卓越成就的人，他们都是拥有利他思维的人。俞敏洪出国留学不成，内心很痛苦，所以立志要去帮助更多的学子完成出国深造的梦想。他开办了新东方，帮助学子们实现留学梦的同时，自己也获得了财富和荣耀。帮助他人，做对他人有价值的事情，从某种程度来讲其实也是在成就自己。

2.让孩子从小事做起，为身边的人服务

其实，利他并不一定都得做大事情，也可以从小事做起。例如：

在高铁站排队买票，看到有着急赶车的人，把自己排队的位置让给他；

公交车上看到老奶奶站着，不想她这么累，把座让给她；

在卫生间里，把用过的纸巾扔到垃圾桶里，随手冲洗便池；

同学有不会做的题，主动给他讲解，帮助他提升成绩。

让孩子从小事做起，为身边的人提供服务，他就会感受到来自他人的爱和善意。这会让他懂得帮助别人非但不会让自己少什么，反而会拥有更多。

3.让孩子懂得利他是真心付出，不求回报

真正的利他是真心为别人付出，不求回报。作为父母，我们首先应该培养自己的利他思维，为孩子树立好的榜样。父母能培养孩子的利他心，就等于送给了他一个守护一生的“护身符”。

如何培养利他心？

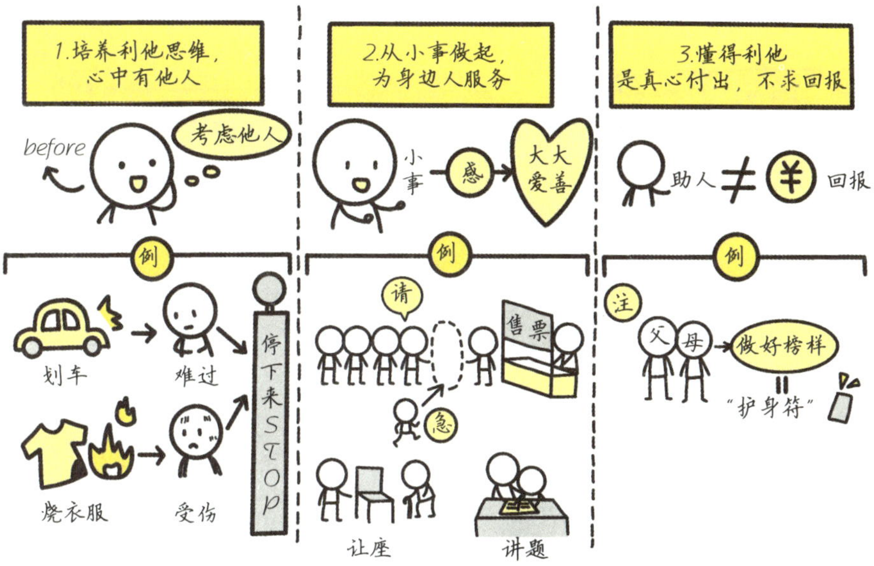

杨洋博士有话说

★ 培养孩子的利他思维，心中有他人

★ 让孩子从小事做起，为身边的人服务

★ 让孩子懂得利他是真心付出，不求回报

Start ▸ 02

不做“超人”家长，让孩子学着为自己的行为承担责任

场景 ▸▸▸ 02

幼儿园里一群小朋友在安静地折纸，小艾折了一只漂亮的小帆船，小朋友们都很喜欢。

×

强强：把你的帆船给我！

小艾：我不，这是我做的。

强强突然抢过小艾的帆船三两下撕烂了。

小艾：你赔我的小帆船，你赔！

强强：谁让你不给我！撕了你的船，谁也别要！

小艾：我告老师去！

强强：去告去告！我才不怕！我爸爸是练武术的，可厉害了，我让他揍你！

无独有偶，那天孩子也说到了同学小刚，他父母是当地有名的官员，家庭颇为富裕，对小刚宠爱有加，穿的都是名牌，上下学有豪车接送。有天孩子回来，惊讶地和我说，妈妈，今天小刚在学校骑车，横冲直撞的，把一个同学撞倒在地，却视而不见，呼啸而过！有同学冲过去指责他，他满不在乎，蛮横地说："你有本事告我去啊！你不知道我爸是谁吗？！"

孩子还说，小刚在学校，打人不需要道歉，上课可以经常迟到，吃饭还有保姆跟着喂饭呢。可想而知，这个孩子背后肯定有"超级"父母，这样的父母无论孩子遇到什么事情，他们都会主动替孩子解决！

我问孩子怎么看待这件事。他回答道："妈妈，我也不知道，但是我觉得不能伤害别人，自己的事情要自己做。"我摸了摸孩子的头，给他比了个大拇指。

☑ 孩子早期的错误行为需及时引导

老人们常常讲一句谚语，"小时偷针，大时偷金"，说的是一个发生在古时候的故事：

有一位母亲，她有个聪明伶俐的小孩。孩子刚会走路的时候，有次偷拿了担货郎的一枚针，母亲看到了，没有说什么。孩子长大了，开始偷人家地里的粮食。母亲知道后，也没有制止。再后来，孩子便大着胆子偷牛马和金银珠宝，最终被官府抓捕。由于他偷得太多，要秋后问斩。临斩前，他看着人群里来送行的母亲，哀求监斩官希望能再吃一次母亲的奶，监斩官准允了。母亲来了，可是人们都没有想到，他竟一口咬掉了母亲的乳头。他哭喊道："我小的时候偷东西，您从来没有制止过，所以才沦落到现在这种地步……我恨您！"

这个故事我也常常讲给孩子听。在日常陪伴中，我从不敢娇惯他，而是有意识地引导孩子为自己的行为承担责任。

其实，孩子在青少年时期常常会有一些越轨行为，原因之一就在于大脑没有发育成熟。随着孩子慢慢长大，他的欲望虽然日渐“生长”，但控制欲望的能力却没有随之提升。因此，在孩子成长时期，父母应当主动帮助他们明辨是非，引导他们学会承担责任，而不是纵容孩子犯错，让自己变成“超人”，进而把一切孩子错误行为导致的后果都大包大揽下来。

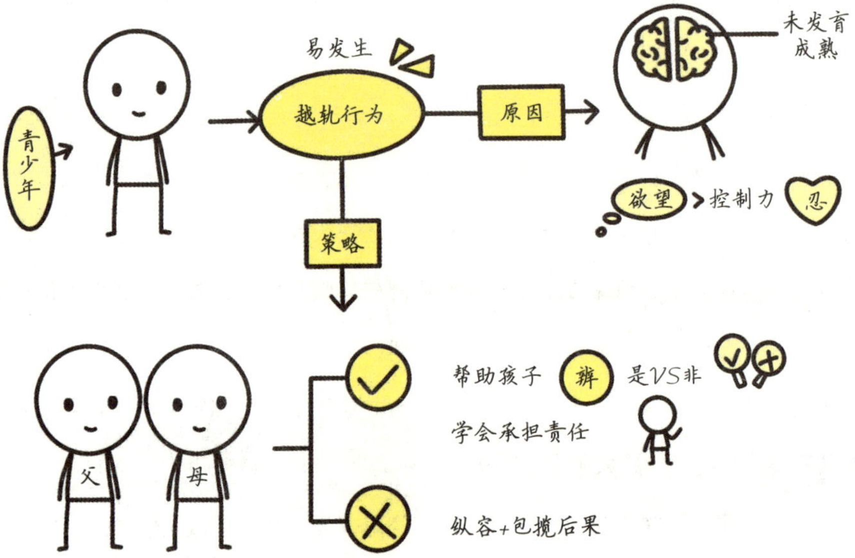

☑ 正确引导孩子学会承担责任

1.让孩子做力所能及的家务活（附录《美国儿童适龄家务单》）

做家务可以培养孩子的综合能力，但不是凭一朝之功，而是要日积月累，这样才能潜移默化地改变孩子。哈佛大学的研究员曾经对153名儿童做过长达30年的调查，最后得出一个惊人的结论：单从做家务这一项的追踪结果来看，爱干家务的孩子和不爱干家务的孩子在成年之后的就业率为15∶1，犯罪率是1∶10。此外，爱干家务的孩子离婚率和心理疾病的患病率也相对更低。

为什么做家务会有这样的效果呢？除了能锻炼动手能力以外，一个很重要的原因在于，它可以让孩子学会承担责任，培养其作为集体的一分子应有的责任意识。这是优秀人才所具备的独特优势。我的孩子在家里特别喜欢炒鸡蛋，每次都说："我要在里面放1000个爱心，让爸爸妈妈品尝到香喷喷的鸡蛋。"孩子通过炒鸡蛋不仅掌握了烹饪的本领，而且感受到了为家人付出的快乐和幸福，这样长期坚持下去，相信未来不论孩子走到哪里，他都会是一个心系集体、敢于承担的人，都会拥有赢得同伴支持的魅力。

其实越是富足的家庭，越应该安排孩子做一些接地气的家务，磨一磨傲气，以免孩子目中无人，避免到了社会触碰法律底线。对于小刚来说，父母完全可以安排日常的家务活给孩子，比如晾晒衣服、洗菜洗碗，让他知道衣食并非从天而降，父母的荫庇也是一时的，要想以后过得幸福，就要学会自力更生。

当然，家务也要适度，不能苛求孩子做过于繁重的活儿。家长可以根据孩子的年龄为他们分配适合的家务。

2.不做超人家长，学会适当示弱

父母并不是无所不能的，也无须让孩子以为我们无所不能。刚好相反，我们需要在孩子面前学会示弱，从而让孩子主动承担责任，学会照顾自己。有些父母在社会上有比较高的地位，在家里也延续了居高位者的强权气势。出于对孩子的溺爱，他们允许孩子要星星要月亮，殊不知世上有太多东西是可遇不可求的，孩子的欲望太大只会害了他。

小刚的父亲在社会上担任要职，但回到家里就是孩子的爸爸，是可以示弱的。他不一定要一味地给予孩子，反而可以坦然地表示需要孩子的理解和支持。具体如何做呢，其实可以有意用一些口头禅和孩子互动。比如，小刚的父亲可以常常对孩子说："小刚长大了，可以自己做主了。"潜台词是，这件事情你说了算，但责任也需要你自己承担。这句话会让孩子觉得自己长大了，可以主宰自己的命运，为自己的事情做决策，既然是自己的决定，那就要为此承担责任，即便结果不那么理想，也不能耍赖把烂摊子留给父母，要对自己的决定负责。这样的交流多了，小刚的独立意识就慢慢培养起来了，也不好意思再依赖父母撑腰。

还有个口头禅就是"我需要你"——潜台词是，你对我很重要。如果小刚的家长经常说："儿子，你对我很重要，爸爸妈妈需要你。"这会给小刚很大的责任感，愿意为别人付出更多的爱。比如小刚妈妈可以在每次拿快递的时候跟孩子说："这个太沉了，妈妈需要你。"那小刚肯定二话不说便会帮妈妈，他也会为能帮妈妈而感到骄傲。相反，如果妈妈从来不要求小刚做什么事情，那么可想而知，不管是在家里还是在学校，小刚都可能会是一个自私、没有责任心的人。

3.放松对孩子的控制，培养孩子独立的能力

为人父母，看着孩子从小小的婴儿慢慢长大，那么柔弱幼小，于是往往心生怜爱，迟迟不敢放手，拖得久了，反而会影响孩子的独立性，使其无法独立生

存。其实，这种“拖延”主要源自家长对自己的不信任，对放手之后的恐惧！

《解码青春期》作者乔希·西普说过这样一句话：“你可以控制孩子，或你可以帮助他成长，但是二者不可兼得！”这句话确实说到了点子上。

我们不能陪孩子一生一世，只能帮助孩子成长，让他获得独立，进而可以自己照顾自己。

李嘉诚很少让他的两个孩子李泽钜和李泽楷坐私家车，却常常带他们坐电车、巴士。有一次，李嘉诚看到路边摆报摊的小女孩边卖报纸边捧着课本学习，就特意带两个儿子经过这个报摊，让他们学习小女孩认真学习的态度。儿子们一天天长大，李嘉诚决定送他们出国上学，让他们独立生活。这个决定对于十五岁的李泽钜和十三岁的李泽楷来说未免过于严酷，因为这意味着小哥俩要离开父母，告别衣来伸手饭来张口的生活，独自面对陌生的环境，从此自己安排学习和生活。李嘉诚的确下了狠心，望子成龙的他有自己的想法：让孩子们早一点独立生活，胜过给他们金窝银窝。

小刚的父母若能放下对小刚无微不至的照顾，让他自己独立，不再为他的错误买单，相信小刚也不敢如此嚣张跋扈。

4.允许孩子犯错，引导孩子承担责任

有的家长担心孩子犯错，恨不得为他铺好未来的所有道路。可是孩子每次犯错的时候，家长难道都能收拾残局，给孩子重来的机会吗？其实，犯错是很正常的，重要的是学会在失败中成长。就如孩子小时候蹒跚学步，一定是会摔跤的，孩子正是在跌跌撞撞中学会了平衡，学会了走路。为人父母，既不要对孩子犯错感觉如临大敌，也不要忙不迭地开始为孩子寻求后路，而是要引导鼓励孩子找到问题的关键，勇敢面对、积极改变、主动成长。

孩子犯错之后，有一件事不可避免，那就是责任教育。告诉孩子，他努力的边界在哪里，是否为了自己的追求影响了别人的幸福。孩子小的时候打闹伤人，很多时候都是父母赔礼道歉。可是孩子到了青春期，父母就需要赶紧转换身份！打个比方，这时候的孩子就是球员，父母就是教练。请问教练可以替球员上场打球吗？肯定不行。上场打球、解决问题的，一定是孩子自己！

小刚把同学撞倒在地，可能是为了学骑车或者体验飞车的快乐而犯的错，但是把这些尝试凌驾于别人的安全之上，这是绝对不可以的。小刚的父母可以告诫小刚，这件事情需要他自己处理。至于如何处理，是赔礼道歉，还是需要到医院检查并赔偿相应的医药费，这一切都可以让小刚自己去判断、去体验、去承担相应的责任。

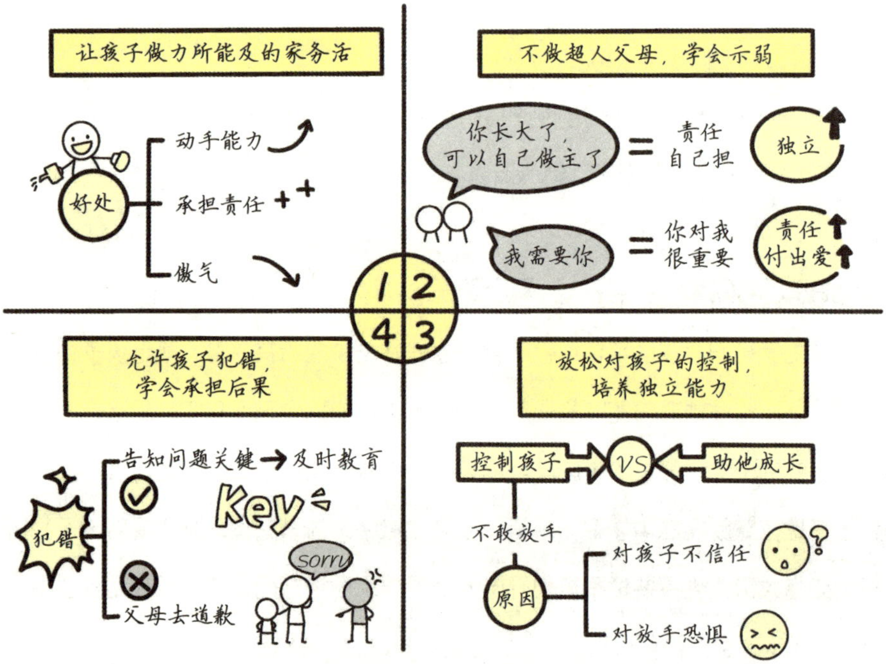

没有事事包办的父母，就没有胆大包天的熊孩子。家长们，慢慢放手吧！若孩子没有机会成长，那我们为孩子铺好的每一步路，都是孩子日后要踩的坑！

不做超人父母，学会克制自己的牵挂，学会站在原地，看孩子渐行渐远，找到他自己的路……这才是每个父母最伟大的爱。

杨洋博士有话说

★ 让孩子承担一定的家务劳动

★ 学会向孩子示弱

★ 培养孩子的独立性

★ 允许孩子犯错，引导孩子承担责任

Start ▸ 03

学会解读情绪，教孩子做情绪的主人

场景 ▸▸▸ 03

12岁的小柯指甲光秃秃的，露着肉，从小到大他总也改不了啃指甲的坏习惯。晚上爸爸收到老师的反馈微信，不由得火冒三丈。

✕

爸爸：你为什么啃指甲？谁像你一样天天啃指甲？！

小柯：我不知道。

爸爸：放着好吃的不吃，啃这个！现在连老师都受不了你了！

小柯：我也不知道为什么。

爸爸：不知道！不知道！你不知道还啃！今天我再狠狠打你一顿，看你长不长记性！

小柯：爸爸，别打我，爸爸，别打我……

小柯的这个坏习惯让爸爸妈妈很无奈。为了让孩子改掉啃指甲的毛病，他们每次都连哄带骗，但效果都不理想。孩子口头答应得很好，但一转头，却又不自觉地把手放到了嘴里！现在连老师也经常反馈这件事情，爸妈的压力就更大了。看着老师的信息和小柯的样子，爸爸忍无可忍撸起袖子把孩子揍了一顿……可是用爸妈的话来说，打也打过了，骂也骂过了，奖励也想着法子给了，他怎么就是改不掉？

问起小柯的成长环境才知道父亲一直很强势，母亲很柔弱，只要孩子一不听话，爸爸就用衣架抽，或者掐耳朵……家里虽然不会经常吵架，但空气里却弥漫着一触即发的压迫感。在这样的成长环境下，孩子很容易焦虑，一焦虑就不自觉地啃手指，这样心里才能放松下来！于是我们提醒家长要努力去解读孩子的行为与情绪，给予有效引导，而不是动辄打骂。

这位父亲恍然大悟，很诚恳地表示愿意改变自己去帮助孩子。在我们的建议下，他蹲下来和小柯谈心，引导儿子去表达和释放自己的感受，并开始每天拥抱孩子，也不再把“别啃手指”的话挂在嘴边。这样坚持了两个多月，有一天，爸爸意外发现小柯不啃手指了！问他为什么不啃了，小柯说：“手指不好吃，手指是臭的！”爸爸窃喜，却没有再翻小柯的“黑历史”，就这样不知不觉中，这个故事画上了圆满的句号。这位爸爸后来告诉我们，起初孩子还不习惯拥抱，因为他很少被父母抱，但爸爸妈妈很坚持，并且为了让拥抱更自然，父母之间也经常拥抱，之后孩子就慢慢放松了下来。除此之外，他们还带孩子夸张地抖动身体，一起解压，效果也超级好。

有位妈妈，在生了妹妹以后，发现哥哥常常忍不住抠鼻子，甚至总是抠到流血，说了好多遍，下次还这样。她找不到原因，非常着急。我们在和她交流了详情之后，帮她进一步读懂了孩子发出的信号——他这样做其实是因为妈妈把重心都放在了妹妹身上，陪伴自己的时间少了很多，对此孩子心里有点不安、不知所措，所以才会下意识地抠鼻子。妈妈于是专门抽出时间陪伴哥哥，过了一段时间，哥哥抠鼻子行为果然减缓很多。

这样的例子还有很多。

☑ 情绪会隐藏在小动作里

孩子们有很多情绪藏在小动作里，这在很大程度上是因为他们还年幼，对自己的感受或情绪还不是很了解，解决问题的能力也比较弱，他们很无助，最终只能把这种无助寄托在这些小动作里，久而久之形成一种习惯。所以，当孩子出现问题时，家长不应该不明原因地责骂，因为这样做是无济于事的，只有走进孩子的心才能找到问题的根源，才能从根本上解决问题。

其实家长不仅需要帮助孩子读懂情绪，也需要读懂自己的情绪。大家有没有因为情绪没控制好而对孩子拳打脚踢过？有位母亲说，有次孩子请同学回家，闹哄哄的，她想让他安静下来，孩子却越来越闹。母亲情绪上来了，抓住孩子就是一巴掌。让母亲想不到的是，至此之后，孩子不开心的时候也同样选择以暴力的方式来宣泄情绪。

孩子都会模仿父母，父母学会了情绪管理，不仅能够避免伤害孩子，而且能够以身作则，引导孩子不被情绪所绑架。

1.情绪就像红绿灯信号，学会解读非常重要

假如红灯的时候过马路，是不是很危险？解读孩子的情绪也是一样，看不懂孩子此时的情绪就贸然做出行动，结果只会适得其反、恶性循环。

为什么我会莫名其妙生气，为什么我很痛苦？原因在哪里？我其实很在意这

件事对吗？怎么化解……学会解读情绪，反思问题本质，才可以真正解决问题。我们需要耐心等待绿灯的到来，因为这样才能安全地通向马路的另一端。

2.学会解读情绪，就是保护我们自己和孩子

有人把情绪分为正面和负面情绪，正面情绪会让我们觉得幸福、开心、自豪……好像宝贝一样，每个人都喜欢。殊不知，其实负面情绪也是宝贝，所有的情绪都是能量，都是我们身体的一部分。每种情绪都像快递员递送的礼物，如果这件礼物是负面情绪，那么我们更要细细拆开，慢慢找到合理的应对方法。

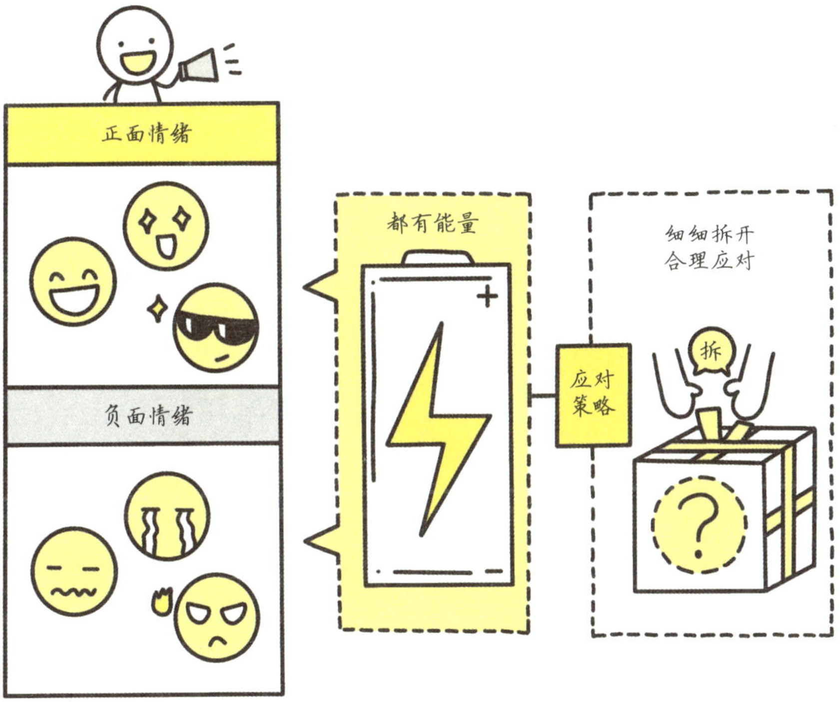

当我们看不懂包裹的含义，反而生气地把快递员揍一顿，那么这个情绪问题就可能得不到解决，之后还会持续地困扰我们，这样会对身体和生活造成巨大的伤害和影响。

科学解读情绪，才能驾驭情绪

这一点同时适用于家长和孩子。情绪本无对错之分，每一种情绪，即使是消极或负面情绪，都有它的价值和功能。家长应该引导孩子科学认识情绪，鼓励孩子和自己的情绪和平共处，做一个理智、不盲目发泄情绪的人。

例如愤怒情绪，尽管我们认为它是一种消极情绪，但它却可以给我们力量去改变无法接受的事实。

孩子叛逆离家出走，父母无法接受，他们很愤怒。在父母与孩子的抗争过程中，愤怒给父母力量去改变之前陈旧的相处模式，他们会去主动跟孩子沟通，不管这种改变效果如何，它是有力量的，会带来机遇。要是没有这股力量，父母也许不敢、不好意思、也不愿意发生改变。

孩子在学校被欺负一次，忍了，又欺负，又忍了，再欺负，受不了啦，于是反抗回去，之后对方吓坏了，再也不敢欺负孩子了。这也是愤怒对孩子的保护和鼓舞。所以愤怒给了我们力量去反抗，继而去改变，负面情绪也有正面的意义。

家长不仅要学会解读情绪，最重要的是孩子有情绪了家长如何帮助孩子？下面分享几个具体的方法给大家：

1.接受孩子的情绪，倾听孩子的诉说

请孩子诉说他的感受，在倾听中表达你对孩子的理解，而不是打断孩子，并一个劲儿给孩子讲道理。等孩子知道你理解他、并站在他这边时，再进一步与孩子探讨解决问题的办法。

2.深呼吸放松法

通过深呼吸慢慢地放松身体，情绪就可以得到缓解。

3.最高效、最有效的方法之一，就是拥抱

当孩子有情绪了，也不想交流的时候，我们可能没办法清晰准确地了解孩子的情况。怎么办呢？不妨试着拥抱孩子。迪堡大学的心理学家Matt Hertenstein指出，后叶催产素会给人一种促进个体奉献、信任和联结的感觉，它奠定了生物基础和联结他人的结构。而当我们获得他人拥抱时，身体会释放后叶催产素，它能使我们变得更加冷静、放松，同时降低压力水平。它在边缘系统中也起到了一定的作用，比如说对情绪中枢产生影响，提高我们的兴奋水平，降低我们的焦虑。还有神经学家Shekar Raman和MD的研究发现，一些身体接触，比如拥抱或轻拍背部，都会通过中枢神经系统的反馈中心使我们感受到高兴愉悦，从而释放负面情绪。

当然，突然的拥抱会让孩子觉得奇怪。这需要我们在家里形成拥抱的习惯，让孩子更容易接受。

4.三步远离焦虑法

孩子学习压力大，容易产生焦虑，怎么办呢？

第一步：想一想，最糟糕的结果是什么？

第二步：构思三种方法，努力让这个糟糕的结果不会发生，或者即使发生了，也有方法可以避免或弥补。

第三步：定出具体的步骤和实施方案，并加以实施。

当我们把这三步做完，会发现我们的焦虑会降低大半。

5.要给情绪容易爆炸的孩子建立一个情绪的“冷静空间”

可以在小床上，也可以是帐篷里，和孩子提前约定好，若是有情绪了，到“冷静空间”冷静一下，给自己调整状态、充电，自己做情绪的主人。

6.消耗能量排解情绪法

让孩子看一些搞笑视频、听听笑话、跑跑步、爬爬山、打打球、跳跳舞……很多情绪就随着流汗慢慢释放了。一些家长自己就很焦虑，反复提醒孩子上次考试的成绩和排名，以此来敦促孩子学习，结果孩子也感染了焦虑，没法专注学习。其实可以换个方法，比如一起看个搞笑的视频，大家一笑，情绪变好了，然后再开开心心地去学习。

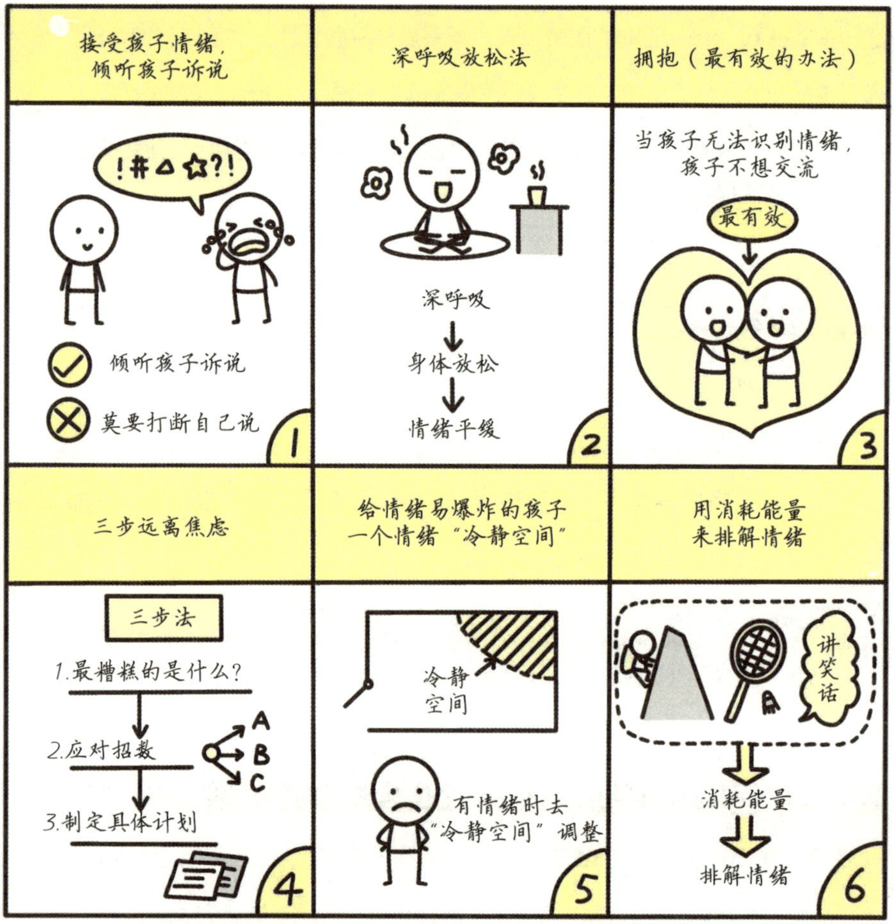

以上这些方法不是单一的，可以“打组合拳”配合在一起使用。

樊登说：只有父母成长，才能帮助孩子。情绪管理问题尤其如此。让我们管理好自己情绪的同时，帮助孩子看懂情绪信号灯，及时化解情绪，这将有助于孩子在未来的大风大浪中波澜不惊、从容不迫。在成长路上，教会孩子管理自己的情绪是父母给孩子的一份无价的礼物。

杨洋博士有话说

★ 情绪就像交通信号灯，学会解读十分重要

★ 负面情绪也有积极意义

★ 当有情绪时，可以选择合适的方法去妥善应对

彩蛋篇

01 我与孩子一起与拖延症战斗的日子

场景 01

早上七点半了，闹钟响了又响，妈妈在厨房收拾，爸爸买早点回来，小艺却还赖在床上不想起。

这是小艺早上的常态，几乎每天他都会被爸爸妈妈反复催促。小艺做事很拖拉，尤其是起床上学，简直就是“床神”，怎么拉都拉不起来，学校规定8点上课，小艺总要拖到8点半；刷牙也是慢吞吞，甚至需要花费20分钟；最难以忍受的是小艺做作业，拍一下手掌写一个字，不拍不写，非要让父母陪在身旁给他拍掌，实在是太费劲了，一想到每天都要“拖拉大作战”，家长就十分无奈。

听到这里，几位家长议论纷纷，一位说：“我的孩子可不敢这么慢，他必须马上行动，要是慢一点，我都会拎他的耳朵，看他还敢不敢这么拖拉！”这位家长是典型的“老虎型”父母，有非常强的控制欲，教育孩子喜欢运用掌控手段，会严格要求孩子快速改掉拖延症。

另一位说：“我们家的也是很拖拉，我看着都很着急，眼看上学时间都到了，他还没穿衣服鞋子，为了赶时间，我只好帮他穿，按好电梯等着他。”这是“袋鼠型”父母，喜欢包办孩子的生活，虽然赶上了上学时间，却让孩子对父母形成了依赖，进而丢失了独立自主的好习惯。

这时候另一位笑了起来，“你们累不累啊，什么都管，我是从来不管的，更别提他是否拖拉了，连吃饭都让他自己在外面搞定。我管着公司几百号人，哪有时间管他。我除了知道他现在上几年级，其他什么都不管，也不知道。”由此可知，这位家长与上一位截然相反，他属于典型的“隐形”父母，什么都不管，总是忽视孩子，使孩子在成长道路上缺少了很多关心。

以上无论哪一种类型的家长，不管是对于改变孩子的拖拉习惯，还是对于孩子的成长都是不利的。

对于“老虎型”父母，他们喜欢命令指责，这样做容易引起孩子的逆反心理，进而对父母进行消极抵抗。对于做作业更是如此。孩子会想：反正你喜欢管我，那你就管吧。正因为没能激发孩子的内在动力，所以才会出现“拍一下手掌我就写一下”的情况，最终虽然花了很多时间，却没什么效果。父母越是生气愤怒，孩子就越不写，恶性循环由此开始。

对于“袋鼠型”父母，他们喜欢包办孩子的事情，恨不得替孩子扫除所有的障碍，孩子遇到的困难少，独立性差，再加上父母的包办，时间久了，自然会养成事事依赖他人的习惯。这种环境下长大的孩子，不仅拖拉习惯会越来越严重，还会失去独立自主的能力，非常不利于孩子的成长。

最后一种类型“隐形”父母对孩子的成长更是没有帮助。在孩子需要父母的时候，父母却袖手旁观，没能给予及时的支援，这会使孩子在较小的年龄便缺失爱。事实上，低龄的孩子更需要父母的陪伴与关心。从某种程度上讲，父母不在身边或者父母管得少确实可以培养孩子独立自主的能力，但这样的孩子却可能会因为小时候缺少爱而长大后不懂得爱。

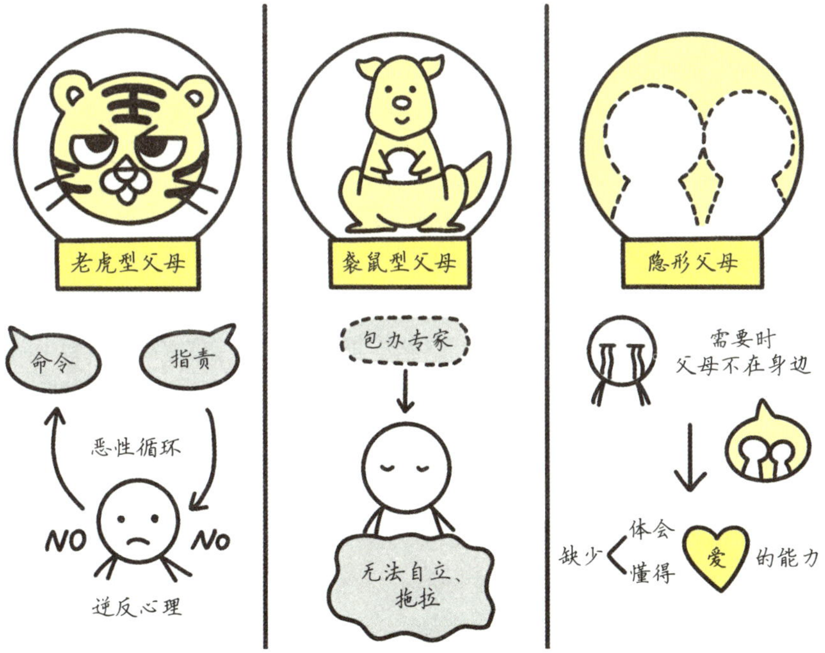

那么，家长该如何与孩子一起战胜拖延症呢？这里分享5个技巧。

1.学会辨清问题原因，有针对性地解决孩子的拖延问题

部分孩子做事慢，喜欢拖拉，这不一定是态度问题，也许与能力不足有关。

电影《地球上的星星》有个片段，片中的主人公是7岁的男孩伊桑。伊桑不仅鞋带系不上，连衣服的纽扣也扣不上，他非常沮丧，父亲看到孩子这样无能就责怪他。尤其在他犯错的时候，更是对他大打出手。直到后来，父亲才发现伊桑有读写障碍症，同时伴随着动作不协调，有些同龄孩子很容易就能做到的事情他却很难做到。此时的父母意识到孩子之所以拖延原来与这种病有关，但伊桑却因为父亲长期的责备，自信心都被摧毁了。

因此，当孩子有拖延问题时，不妨先了解一下是因为孩子能力不足导致的，还是态度上的问题。若是能力问题，家长可以参考下面第二点中分解小目标的方式来鼓励孩子，直到其能力培养起来为止；若是态度上的问题，比如因为不喜欢“老虎型”父母，所以内心抵触，消极对抗，进而产生逆反心理，那就需要先和孩子建立联结，消除孩子的逆反心理，然后再去引导孩子。

如何联结才能消除与孩子之间的代沟呢？游戏是最好的方式。父母可以通过打闹游戏、枕头大战等方式和孩子玩起来，以此拉近与孩子之间的距离。等到僵硬的关系有所缓和后再去教育孩子，这样才可以达到事半功倍的效果。

2.学会分解小目标，分清主次

首先要分类。生活中肯定会有一些突发的、迫不及待需要解决的问题，成功者一般都会将时间花在最重要并且很紧急的事情上。可以教孩子将事情分成急并

重、重但不急、急但不重、不急也不重四类，依次完成。

其次分解，即把大任务分成小任务。

如案例中的小艺总要延后近半小时才上学，对比，我们可以将起床到上学这一段时间需要完成的事情分成一个个小目标，让孩子给自己设定穿袜子需要多少时间，吃早饭需要多少时间等。再通过这些零星时间的拼接，形成一个完整的流程，从而实现准时上学。

3.合理管理时间，提升孩子办事效率

每个人一天所要完成的事包括喝水、上厕所、刷牙、穿衣服、吃饭、娱乐、休息等，而一天只有24个小时可供我们分配，这种情况下，制定一份合理的时间管理表就显得尤为重要。

罗马不是一天建成的，好习惯也不可能一天就养成。帮孩子养成良好的习惯需要家长足够的耐心和细心。如小艺，家长可以与孩子一起绘制时间管理表来管理自己的日常生活，以此提升做事效率，进而从根本上解决拖延问题。

4.通过正向反馈激活孩子做事的动力

孩子做得好的时候及时肯定，对好的行为不嘉许，其恶果不亚于对坏行为的纵容。在与孩子沟通时要用正面语言，不要用“不语言”，“不语言”就像家里弥漫的甲醛，会严重影响孩子的行为。比如家长告诉孩子“不要慢吞吞”，之后发现孩子更慢了。家长要有意识地用正面语言代替“不语言”，例如，“坐起来，去刷牙，去穿鞋，去摁电梯”等，这样明确的语言孩子执行起来会更容易，因为信号和指令都是清晰的。

如果我们的成长环境中很少有对自己的正向反馈，努力之后永远都要承接失望，而没有鼓励和奖励，那么大脑的奖励机制就无法运作。长此以往，哪会有那么多动力去持续努力呢？所以我们回头看看，这一切的源头其实就是——孩子做完作业后，大人不舍得让孩子玩耍，还继续做其他作业，孩子一点都看不到希望，长此以往，孩子对做作业就失去动力了，进而拖延，不积极。小艺在完成数学作业后，家长可以及时鼓励他，“哇，小艺，爸爸发现你比昨天提前了3分钟，而且字迹工整有力，非常好。”这才是正确的做法。

5.分清事情轻重，一天只做三件事

很多孩子在小时候没有培养起时间观念，所以才会做事拖拉。对比，家长可以通过绘本引导孩子，让他知道时间的宝贵，从而积极提升做事效率。《时间小偷》这本书就非常适合父母陪着孩子一起来读。

同时，不仅要对时间有概念，最重要的是要知道事情的轻重缓急。我经常会对孩子讲起一个钢铁厂老总的故事，故事中老总一手创建的企业濒临破产，他请教时间管理大师该怎么办？

时间管理大师说这个需要收费2.5万美金，于是老总忍痛交了钱，时间大师给了他一张小纸条，上面写了六个字“每天只做三件事”，老总执行了3个月以后，发现企业慢慢起死回生了。所以说，不是什么事情都要做，而是要按照事情的紧急重要程度来安排，在精力最好的时候处理完三件最重要的事情。

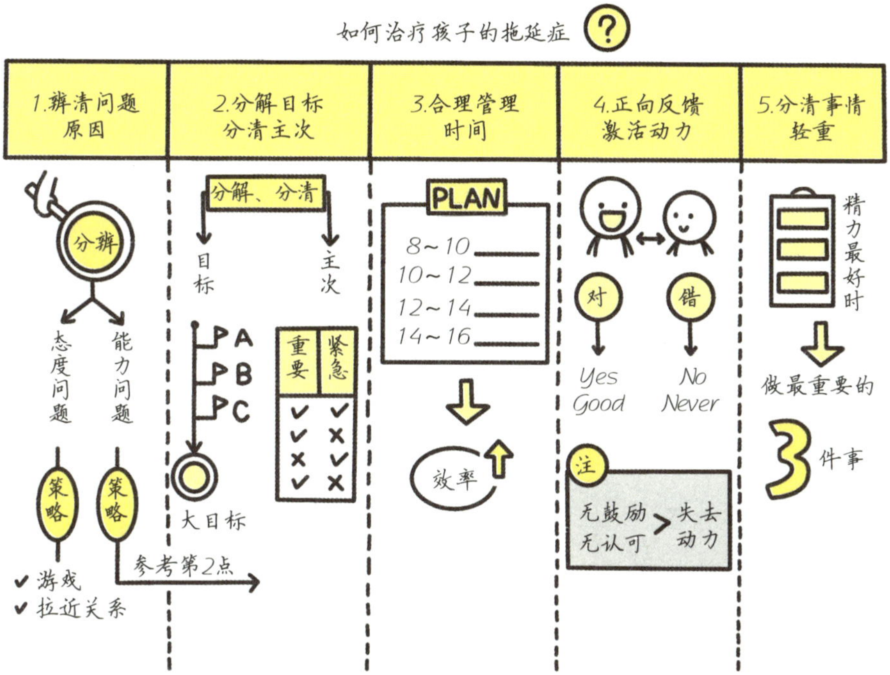

天下没有不好的孩子，只有不会教的爸妈！所有有成就的人都是自律的，而自律需要刻意训练，后天完成。所以对于孩子的拖拉磨蹭，需要我们一起用正确的方法来引导，相信我们的蜗牛孩子终究也可以在我们的帮助和滋养下，成为自律的孩子。

杨洋博士有话说

★ 在面对孩子的拖延问题上要有正确的观念和方法

★ 细致辨别孩子办事拖拉的原因

★ 指导孩子做好时间管理

02

如何辅导孩子作业，才不会让你血压升高

场景 ▸▸▸ 02

下班了，妈妈看见韬韬在客厅看动画片。

朋友自从儿子韬韬上学以后，每天都要催孩子写作业。有次我在他家，就瞧见他冲韬韬喊：“快点写，待会儿我还过来，别让我再打你屁股！”只见里屋的孩子不情不愿地挪动身体，慢吞吞地走到书桌前打开笔盒，好一会儿才拿出笔。

朋友颇为不耐地催促：“快一点儿啊，怎么这么慢！再这样的话，看我等会儿过来怎么揍你！”

然后他转过头来，十分无奈地向我抱怨说：“天天这样！一点上进心都没有，只有看电视最积极！我每天一下班就陪着韬韬写作业，可他那速度真是比蜗牛还慢！成绩也差，每次都考个刚及格……”想到朋友这个读书、工作几乎无所不能的超人，却在孩子的作业问题上败下阵来，我心里感慨万千。

网上有个热搜段子——有个家长说：“亲爱的未来亲家，你好！我女儿有房、有保险、会游泳，可以不要彩礼，结婚嫁妆也会配好，送车送房，包办酒席，礼金全给孩子。唯一的要求就是现在就接走，把作业辅导一下，谁家媳妇谁家养！”

虽然这仅仅是个十分幽默的笑话，评论区的跟帖却颇为辛酸。有个男孩家长回复说：“因为辅导孩子，我犯了心梗，打了120，最后安了两个支架。现在陪孩子写作业真是件要命的事情。”有家长写打油诗：“不提作业，母慈子孝；一提作业，鸡飞狗跳。”还有个家长感慨良多，把成语的意思都改了：“‘远交近攻’，指的是辅导孩子写作业时，父母离得远一点还可以交流，离得近就忍不住要打孩子了。”

为什么陪孩子写作业这件事对很多家长来说是噩梦一般的经历？我想，除了作业本身缺乏趣味性以外，还有一个原因就是家长总站在孩子的对立面。当我们不断催促孩子、责骂孩子的时候，孩子大脑接收到的是被命令、被控制的信息。对此，大脑首先回应的就是“拒绝”而不是“行动”。当我们命令孩子做作业时，其实他本能地已经在消极抵触。当一个人不是发自内心地去学习，不是启动自己的内在动力去做事，他又怎么可能会取得一个好的结果呢？就像鸡蛋一样，从里面裂开是“成长”，从外面裂开就只能是“食物”。

家长把陪孩子做作业看作是一场噩梦，那么孩子们对于做作业这件事又是怎么想的呢？我想起了一次和几位小学生互动的经历。我问他们：“闭上眼睛，想一想‘作业’这个词，大家想到了什么样的画面，有什么样的感觉？”

有个孩子脱口而出：“像一座山，压着我，胸口不舒服！”

孩子们开始叽叽喳喳起来：

“像一个黑色的魔鬼！

“像蝙蝠，总是盘旋在头上……

“像不会说话的幽灵！”

有个孩子说：“像妈妈！”我笑了，问他：“妈妈是怎样的呢？”他回答说：“唉，就是喋喋不休，让我快点写！”我又问：“那你每天都完成作业吗？”他说：“每天都完成。如果我今天不做作业，那明天去学校老师会罚抄。更倒霉的是，如果老师给我妈妈发了短信请家长到学校，那么我回到家便可能遭遇‘女子单打’，搞不好是‘男子单打’，最惨的就是‘男女混合双打’！”

从这些孩子的回答中，我们可以发现，他们之所以完成家庭作业，并不是因为喜欢每天完成温故知新的练习，而是因为他们心里知道，如果不完成作业，后果将是非常可怕的，像大山压顶一样吓人。所以，为了避免老师和家长的责罚，孩子们才勉强完成自己的作业。

家长们感觉痛苦的同时，孩子们也无法理解做作业本身的意义。这是一个“双输”的结果。到底要怎么做，才可以让孩子对作业有正确的认识，同时也能让家长感觉到陪伴孩子、辅导孩子的快乐呢？

教育孩子是需要讲求方式、方法的，下面给大家五个建议：

1.家长要明确自己的“身份定位”，把完成作业的责任交还给孩子

孩子一回家，我们就说“赶紧完成作业”“该做作业啦”，一脸紧张的样子，甚至巴不得亲自上阵，这些表现会让孩子感觉做作业是谁的事情呢？其实，这样做会显得我们家长比孩子更着急完成作业，不是吗？实际上，孩子们都有自尊心，他们并不想因为无法完成作业而被老师批评。如果家长不这么着急，孩子慢慢也会意识到学习是自己的事，就好像面前的田是自己的，最终还是要自己去除草、松地，然后播撒种子。要是家长不断地介入，孩子就只能在一边歇着，跷着二郎腿，“我的田，你来播种吧，我歇了。”

所以说，家长如果火急火燎，比孩子还要焦虑，那么反而会让孩子有其他想法，敏感的孩子感觉写作业很有压力，调皮的孩子习惯了不慌不忙地等家长求着写……就像美国教育专家Debbie说的一样：我看到过许多孩子，他们故意把作业做得很差劲，就是为了让父母看看“谁才是真正有控制权的人”。作业之争的本质，是孩子在与父母争夺控制权。大多数情况下，孩子想和你争夺本属于自己的生活和学习的“控制权”和“支配权”。

当务之急，我们家长更应该坐下来，心平气和地和孩子做一个探讨，明确彼此的分工。有的孩子想先玩，再写作业；有的孩子喜欢先写作业再玩，对于先做哪一件事完全可以由孩子自己做决定。家长可以给孩子建议，但要注意不可强求。

就像前文所述的韬韬的爸爸，可以这样和韬韬明确彼此的分工：“我是你的爸爸，我会努力工作，负责你的学费和生活费，让你可以安心学习，这是我的本分。而学习是你自己的事情，做作业也是你自己的事情，学得好了前程似锦，学

得不好名落孙山，这样的结果也需要你自己承担。在学习上如果需要我支持，你可以主动找我。但是其他时候我不会管太多，我也相信你可以做到自觉自律。”韬韬可能会松一口气：以后再也没人催我写作业了！轻松之后，韬韬开始有可能会不适应，发现自己完不成作业，爸爸也不着急，但慢慢地，他便会调整自己的状态，有意识地去管理自己的学业了，他会认真思考怎么安排时间，做自己作业的主人，也做自己人生的主人。

2.共同制定做作业的规则，培养孩子良好的学习习惯

在陪孩子做作业这件事上，家长不仅要明确自己的身份定位，而且要起到适当的引导作用，其中最重要的就是引导孩子养成写作业的好习惯。孩子具有“规则敏感性”，这意味着如果在小时候培养好了孩子的学习习惯，就会让孩子终身受益；反之则会留下很多问题，等长大以后再纠正就比较困难了。

比如我的朋友可以和韬韬这样约定：每晚作业都安排在同一时段完成，这样写完作业后可以赶上动画片播出；写完作业要自我检查，自己模拟打分；要在固定的学习桌上做作业，桌上没有杂物；写完以后及时把作业摆好等爸爸签字，不懂的问题集中在爸爸签字的时候一起交流……这些做法看似普通，却能形成积极的条件反射作用，给韬韬营造出一种清爽干净的思考氛围。韬韬会有一种仪式感，每次按时完成作业都像是完成了一次对自己的挑战。

学习是一种能力，更是一种习惯。孩子慢慢养成了习惯，每天都可以干脆利落地完成作业，这样自然不需要我们反复催促了。值得强调的是，在作业检查方面，一定要鼓励孩子自己检查，不要依赖家长，让孩子养成“我能一次就做好”的习惯。有学者指出，如果孩子一味依赖父母检查错误，那么父母便会将更多的

关注点放在做错的地方，这样其实换取的是父母的消极关注。在消极关注下，对于答案的正确与否，孩子会有侥幸心理，这种心理会让孩子知识掌握不牢，同时也更容易犯错，错题又会使孩子返工，从而延长作业完成时间。孩子对自己负责，提高正确率，父母肯定孩子做得对、做得好的地方，那么孩子得到的就是父母的积极关注。

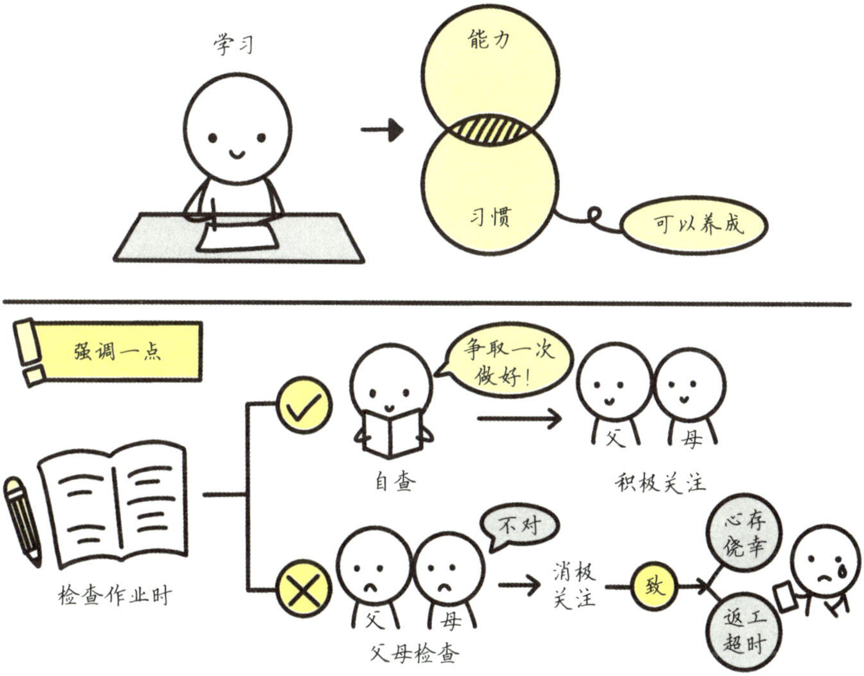

3.用正确的方法督促孩子，而不是习惯命令和指责

很多家长或老师跟孩子沟通时都习惯用命令的口吻，完全不考虑孩子的想法。“你应该做什么”“你不应该做这个”“我不管你想什么，你都得先把这个

给我做完”……让孩子被动地做事，没有尊重孩子的自主选择，孩子也就不具备主动参与的意识和把事情做好的积极性。

有些家长还会简单粗暴地打骂孩子，这样做虽然能够使孩子一时表面顺从，但是孩子内心真就顺从了吗？当孩子觉得打骂已经变成家常便饭的时候，当我们的孩子已经不再惧怕棍棒的时候，我们又该怎么办？到了那个时候想要再用道理说服孩子，恐怕为时已晚。据脑科学家对孩子大脑的研究，打骂这种方法看似简单方便、见效快，但对孩子身心造成的伤害却是终生的、不可逆的。

心理学鼻祖阿德勒曾说过，每个孩子都追求价值感和归属感。正如在团队工作，我们只有在意识到自己是工作团队的一分子时，才会主动为团队努力，孩子完成作业也是一个道理，只有让孩子感受到他是作业的主人，完成作业是他的本分的时候，他才会有意识地主动完成作业。所以沟通时，可以把要求变成请求，把命令变成商定。例如：

把“赶紧去做作业”换成“我们吃完饭咯，接下来该做什么呢？”

把“不是说好做作业了嘛”换成“接下来，按照之前的约定，我们该做什么？”

把“快点写，不要慢吞吞！”换成“你觉得拼写这个单词的时候，要注意什么呢？”

把“必须先写作业，再看电视！”换成“你是想先写语文作业，还是数学作业？”

如果韬韬一直看电视，不睡觉也不写作业，比起怒气冲天地把电视关掉，吼叫着催孩子去写作业，不如这样对孩子说：“韬韬，按照时间管理表，我们现在该做什么啦？”这是在提醒韬韬要对自己负责，鼓励孩子变被动为主动。只要我们有耐心，就会等到孩子的回答。可能韬韬会告诉你：“我今天作业只剩一篇阅读了，这个节目很好看，我再看10分钟行吗？”在这个过程中，他完成了对学习任务、时间安排、节目效果的种种思考，之后才试图来说服我们。我们可以欣然答应：“行，爸爸相信你！”双方各退一步。

4.帮助孩子找到做作业的动力，提升孩子做作业的能力

知名教育专家刘锁志说过，我们平常说的没兴趣、不想学等，都属于动力问题。而如果有了动力，却没有能力，总是有挫败感，那么时间长了，动力也会受到影响。没有能力走不动，没有动力走不远，能力是本，动力是根。做作业的问题也是如此。既要有学习的动力，也要有学习的能力。学习动力让孩子主动参与学习过程；学习能力决定孩子能不能胜任学习任务。做作业慢、粗心马虎、注意力不集中等都属于能力问题。只有激发孩子动力、提升孩子能力的教育，才是抓住了根本的教育。可以说，动力和能力是决定孩子成绩好坏的两大因素。

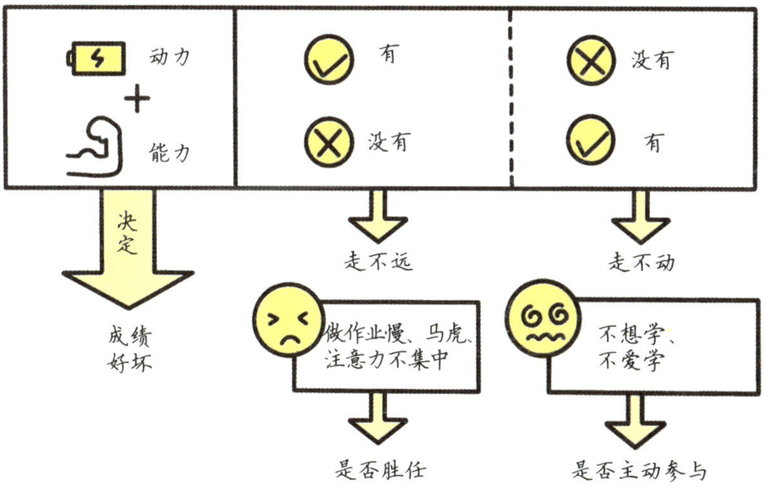

就如韬韬一样，父母需要和他一起分析学习、做作业的意义是什么。韬韬的爸爸可以引导孩子明确写作业的目的，告诉孩子之所以写作业是为了温故知新，巩固复习，为了学习成绩更好，为了不忘掉学过的知识……如果韬韬没有听到这些道理，只知道不写作业会挨打，那么他便会痛恨写作业，厌倦学习。若是这样，那就本末倒置，得不偿失了。

有些孩子虽然知道做作业的意义，但是缺乏学习的能力，这时也需要大人额外的支持和帮助。例如个别孩子写不好作业是因为他们对知识的掌握还不牢固，或者有读写障碍症等。具体问题还需要父母细心观察，耐心指导，及时帮孩子找到原因。家长可以陪孩子做健脑操，训练孩子阅读和书写的能力，有必要时可以寻求专业机构的支持。

5.放下内心的担心和焦虑，为孩子营造轻松的学习氛围

有调查发现，家长在陪伴孩子做作业时，出现焦虑的情况高达95%。焦虑和抗拒的情绪是会传染的，家长在一旁焦虑，孩子哪还能心无旁骛、安心地做作业呢？家长的负面情绪会助长孩子对学习的厌倦和排斥，从而使孩子感受不到做作业的乐趣。

为了缓解父母的焦虑，很多孩子向父母做出了让步，有的不懂装懂，有的放弃好奇心，只求应付作业。长此以往，这些孩子可能会逐渐丧失自主能力，他们无法独立思考，不会自主选择，进而逐渐失去自我。其实，在辅导孩子作业的时候，家长最初的目的是帮助孩子查漏补缺，提升学习能力，但焦虑的家长却倾注了更多的压力在其中，比如把孩子的作业表现跟他的整个人的能力和前途挂钩。其实作业写不好，不代表其他事情也做不好。即使韬韬的作业写得非常差劲，他也依然可能是个有想法的好孩子。作为家长，我们是否可以先接纳他，把眼光放

得长远些，慢慢帮他找到自己的发展方向。从小连作业都做不好的爱迪生，并不影响他成为大名鼎鼎的科学家。家长摆正心态，焦虑就会少很多。

在帮助孩子纠正一些小毛病的时候，同样要有乐观的心态。记得有次韬韬的爸爸辅导孩子作业，“这个‘横’用力写，不然太丑”“那个字写正些，不然歪歪扭扭”，韬韬对此很沮丧。在我的建议下，韬韬的爸爸转变态度，时常夸一夸韬韬做得好的地方：“哇，这个撇写得很工整哦，都可以上字帖了！”让孩子感受到自己被肯定，之后爸爸再提出完善的建议，韬韬果然欣然接受。韬韬写作业久了，父母还过来提醒，“不要太累咯，吃点水果休息下吧”，韬韬感受到了来自爸妈的关心和爱。父母应该努力为孩子创建一个轻松的学习氛围，这样更有利于学习效果的提升。

孩子只有在意识到人生属于自己的时候，才会主动去学习，主动去努力。只有意识到做作业的目的在于提升自己，而不是应付老师和家长的时候，才会主动完成学习任务，并从中获益。“相信就是祝福，担心就是诅咒”——父母相信孩子的能力，做好彼此该做的事情，孩子才会更加自信独立。只有学会用正确的方法辅导孩子作业，才不会让你血压升高。

杨洋博士有话说

★ 家长要明确自己的“身份定位”，把完成作业的责任交还给孩子
★ 共同制定做作业的规则，培养孩子良好的学习习惯
★ 用正确的方法督促孩子，而不是习惯命令和指责
★ 帮助孩子找到做作业的动力，提升孩子做作业的能力
★ 放下内心的担心和焦虑，为孩子营造轻松的学习氛围

03 不打不骂，三招帮孩子戒掉网瘾

场景 03

爸爸下班回来，看见炎炎正聚精会神地拿着iPad不停地在点，炎炎玩得太投入了，都没察觉到身后的爸爸。

这是寒假期间，一位焦急的爸爸对儿子在家中情况的描述。儿子炎炎现在读初三，正处于叛逆期。春节长假期间，孩子经常窝在家里，整天上网打游戏，越玩越上瘾，书本根本不想碰。打也打了，骂也骂了，道理说了一大堆，但孩子愣是一句话都没听进去，急了还总对家长大吼大叫。对此，家长非常苦恼，他们不知道怎样做才能够让儿子放弃游戏，自觉自愿地去学习。

不仅仅是这位家长，寒假期间由于学校不上课，很多家长向我咨询了孩子在家“游戏成瘾”的问题。在解决这位家长的疑惑之前，我们先来看下下面这个案例。

李小姐的儿子聪聪今年7岁，有一次去亲戚家做客，小叔叔拿着手机在玩一款打怪游戏，聪聪站在旁边盯着小叔叔的手机屏幕看，看着看着就对游戏产生了浓厚的兴趣，不停地嚷嚷着说：“哇！比动画片还有意思，超酷！我也要玩！”不仅如此，聪聪还特意缠着小叔叔告诉他如何才能在手机中找到并开启这款游戏。等聪聪一回到家，就开始拿着李小姐的手机搜索，专门找那些充满宇宙飞船、火箭和外星怪物的游戏。对于这些游戏，聪聪都是无师自通，他上手很快，玩起来更是“茶饭不思”，而且还不断尝试新的游戏。

一开始李小姐很着急，孩子这样沉迷游戏，会不会“玩物丧志”、影响视力？她想到楼上邻居家的小姑娘，本来成绩很好，就因为玩游戏不仅早早地戴上了眼镜，成绩也急速下滑，还经常被父母关在家里不许出门。有一次，小姑娘竟为了出门和同学玩游戏撬坏了家里的门，逃出去后一夜未归。一想到这里，李小姐就觉得很着急。

然而，通过一段时间观察，她发现孩子非常喜欢解谜类的游戏，比如某款游戏要求用数字作为通关密码，密码之间需要相加或相减才可以找到最终的口令，这样的游戏聪聪却能在几秒钟内快速心算，并得出正确答案，赢得游戏。要知道，平时让他做几张数学卷子他都叫苦不迭，没想到一款游戏却能够提高孩子的心算能力，这让李小姐逐渐不再对孩子玩游戏这件事持反对态度，反而赞叹聪聪玩游戏的天赋，肯定他敢于尝试不同游戏，而且不怕失败的坚持。就这样，孩子越来越自信了，对学习也越来越有兴趣了。聪聪还有一个成长难题，就是不好好吃饭。对此，李小姐总是会在孩子玩一段时间游戏后夸奖孩子："你这个小家伙，还挺有天赋的！但是你不好好吃饭，不好好休息，脑袋怎么会有能量呢？"

"好的，我去吃饭！"得到夸奖的聪聪笑呵呵地放下手中的游戏，到餐桌前大口大口地吃起饭来，神情满足而又快乐。

李小姐并没有简单粗暴地制止孩子玩游戏，因为邻居小姑娘的案例让她明白：越是禁止越是诱惑。对于一些处在叛逆期的孩子来说，这种诱惑更像是难以抵挡的"潘多拉盒子"。网络成瘾的孩子中，90%以上的孩子在现实生活中找不到归属感和价值感，自身也没有什么兴趣爱好，只有剩余10%的孩子虽然也爱玩游戏，却能合理安排自己的时间，学习和娱乐两不误。

这两类群体有本质区别：在前者的人生中，网络（游戏）是他们唯一的精神寄托，只有在游戏中才能够"刷"出自己的存在感和价值感；而对于后者而言，生活中还有其他很多有意思有意义的事情，所以游戏只是娱乐的方式之一。

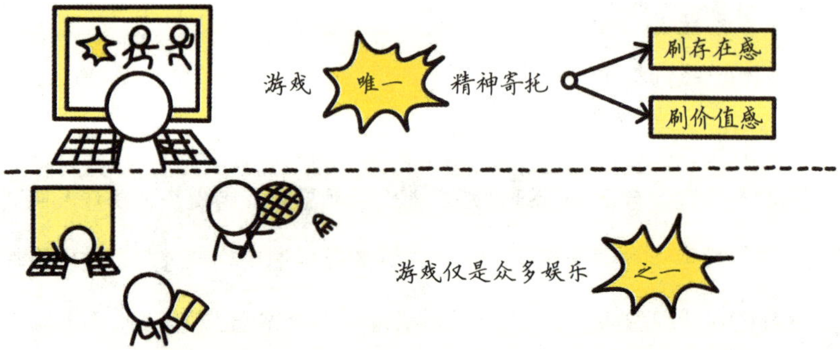

现在的孩子处在网络飞速发展的时代，一味地让孩子远离网络游戏或网络环境是不太现实也很难做到的。那么，作为家长，又该如何帮助并引导孩子正确地使用网络、防止孩子沉迷网络呢？

只需要做好下面三件事。

1.父母以身作则，丰富孩子的兴趣爱好

在咨询时，很多父母都会担心孩子沉迷手机和游戏，每当遇到这种情况时，我都会先询问父母：孩子的生活，除了上学和玩游戏，还有没有其他活动？

75%以上的父母都会回答：孩子不爱参加什么运动，也没有别的爱好，每天的生活除了学习就是玩手机。还有家长表示，他们也希望孩子能够兴趣爱好广泛，但是孩子就是对其他事情不感兴趣。

要解决孩子兴趣缺乏的问题，这就需要家长积极引导了。毕竟“身教”大于“言传”。如果家长自己能够保持健身、旅游、读书、画画等兴趣爱好，并潜移默化地影响孩子，那么孩子自然也会培养出许多健康的兴趣爱好；如果家长下班后只知道捧着手机刷剧、刷小视频、玩游戏，或是约上三五好友喝酒、打麻将，那么孩子成天拿手机玩游戏也就不足为奇了。

2.保持良好顺畅的亲子沟通，营造温暖的家庭氛围

心理学三大巨头之一的阿德勒认为：人的所有行为都是在追求价值感和归属感。只有当孩子在家里能够获取足够的支持和温暖，与父母有亲密的亲子关系时，他才更愿意被家长所影响。

咨询中经常听到父母们说孩子总在和自己唱反调，作为家长，其实我们应该

反思一下自己是否尊重过孩子的意愿？是否允许孩子表达过他的真实想法？是让孩子感觉到被支持还是被控制？一切教育都建立在良好的关系之上，而顺畅的沟通是维持关系的基础。没有好的感受，就没有好的接受，爱他就要选用他喜欢的方式。

3.引导孩子合理安排屏幕时间

在孩子还小的时候，家长就可以有意识地对孩子进行时间管理方面的训练。不管多大的孩子，都不喜欢父母喋喋不休的唠叨，所以建议父母采用定闹钟的方式和孩子共同约定“闹钟一响就要关电脑”，或者指着时钟上的长针告诉他“当长针指到这个位置时就要关电脑了”。

如果到了规定时间他能够自觉关上电脑，那么要通过鼓励给他正向强化。比如可以这样对孩子说：“妈妈看到你很自觉地关上了电脑，非常感谢你愿意遵守我们的约定。”

如果孩子还意犹未尽，也可以给他有限的选择，问孩子：“你想要自己关还是妈妈关？”一般情况下，他会想要自己关上，因为孩子总是希望有更多的自主权和掌控权。如若孩子还是不遵守约定，那么父母可以先平静地合上电脑（关上手机），然后再来安抚孩子的情绪，带孩子玩其他有意思的游戏以转移孩子对于网络游戏的注意力。

诚然，上述引导确实要比简单粗暴的方法或者放纵不管的态度更加耗费心力，但通过这样的方式，家长能够在尊重孩子的基础上，培养孩子良好的行为习惯。从孩子的长远发展来看，这些努力都是你对孩子的优良投资。

1.父母以身作则，丰富孩子的兴趣爱好

2.保持良好亲子沟通，营造温暖氛围

3.引导孩子合理安排屏幕时间

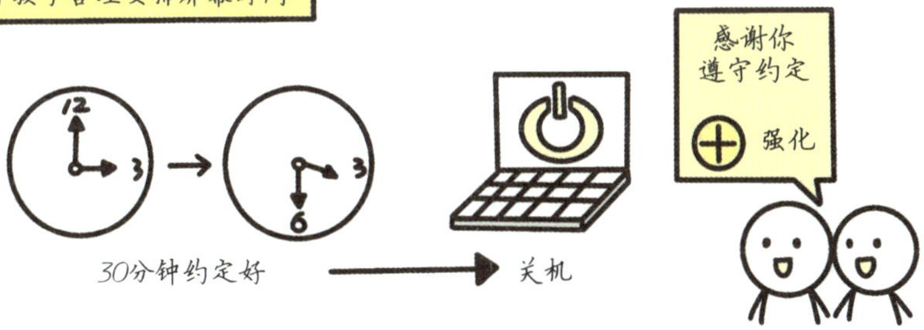

杨洋博士有话说

★ 父母需要和孩子一起寻找游戏的替代物，将电脑（手机）游戏变成生活游戏，增进亲子关系

★ 父母要与孩子一起制定规则

★ 规则必须清晰明确，一旦设立规则，父母也必须严格执行

04 四招化解多孩家庭矛盾

场景 ▸▸▸ 04

周六上午，爸爸妈妈在厨房准备午饭，8岁的姐姐阳阳在房间写作业，5岁的弟弟瑞瑞在客厅玩儿，一会儿弟弟进了姐姐房间。

当家里有多个孩子时，父母的偏爱或忽视可能会导致某个孩子受到很深的伤害，却没有人注意。

发小是家中的老大，下面有弟弟和妹妹。她常向我倾诉，幼时当父母偏爱弟妹时，自己一次次感受到无法排解的失落。那时，她的母亲总让她干家务活，而弟弟妹妹在旁边玩。有一次拖地，为了排解心中的怨恨，她假装不小心把妹妹推倒，还好力气小，当时妹妹没有受伤，却也吓了一跳，之后好一阵子妹妹总是怕她。现在想来，又好笑又心疼。

除了重男轻女的原因以外，另一个主要原因就是过度关照幼子。有句广为流传的话：父母爱幼子，爷奶偏长孙，可见这种偏幼的心理非常常见，但这似乎也具有一定的合理性：一来，保护弱小的弟弟或者妹妹健康长大是父母在小生命降临之初的要务；二来，老大年纪大，本就更能照顾自己。

可遗憾的是，哪怕幼子已经长大，已经可以同兄姊一样担负起责任，此时父母仍然觉得他们更需要照顾。比如在给孩子派家务活等事情上，父母一般会给老大多安排点，小的少干一点。而且父母过于相信老大的独立性，没有考虑到作为自己的孩子，老大也需要父母的爱和关怀。

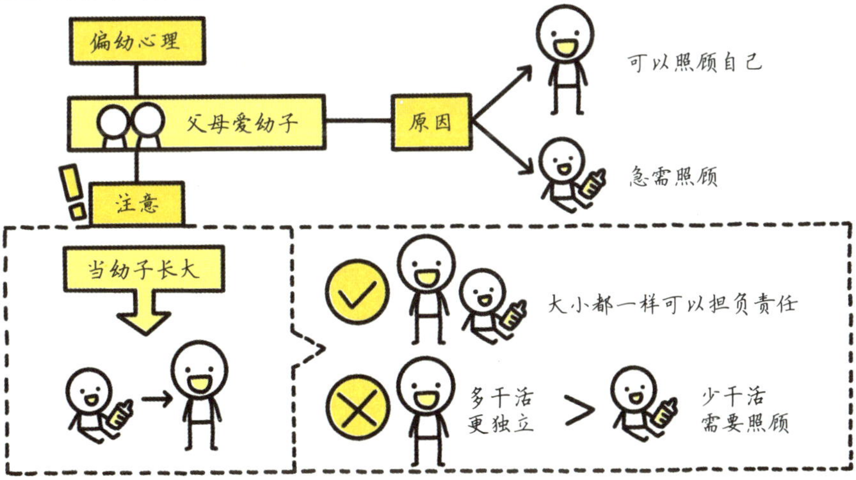

在这种情况下，父母的偏爱往往是无意识的，他们自己根本没有察觉到。久而久之，老大自然会觉得父母偏心了。

另一方面，父母虽然努力想让孩子们相亲相爱，但某些做法在孩子们看来却是赤裸裸的偏爱，最终导致孩子之间相互嫉妒和争宠。

有位妈妈曾把4个本子给姐姐，让她分给妹妹。姐姐给了妹妹1本。妹妹哭着跟妈妈投诉，于是妈妈忍不住说："你是姐姐，要照顾妹妹一点！"姐姐不情不愿又分了1本给妹妹。后来妈妈上班去了，姐姐生气地把本子都抢了回来。其实，妹妹还没上学，而姐姐却是个喜欢写字的孩子。妈妈没等姐姐解释，就贸然地想要追求表面的公平，难怪姐姐心里难受了。

中国有句古话："兄道友，弟道恭。"意为做哥哥的要爱护弟弟，做弟弟的要尊敬哥哥。可是这并不意味着每个孩子天生就能够包容或者理解父母对另一个孩子的过度关照。这需要父母及时的疏导和反思。

在一个家庭里，如何处理好多个孩子之间的关系，让孩子更珍惜兄弟姐妹之间的情谊，在这里有4个技巧分享给大家：

1.逆转思维：重视老大的榜样力量

很多家长喜欢对老大说："你要让着小的！"可是，这有用吗？在家里让了，到了学校，同学会让吗？到了社会，别人会让吗？这种没有说服力的老话其实只会让老大觉得不公平，还容易使老二形成依赖、骄纵的心理。我们前面提到的这个妈妈，喜欢对姐姐说："你是姐姐，要照顾妹妹一点！"姐姐不服气，妹妹借机大闹，也是这个道理。后来一次分糖果的时候，姐姐又给妹妹分少了，妹妹哭闹起来。我们便引导妈妈对妹妹说："你的牙还没长好，少吃些糖是对的，听姐姐的。"姐姐很惊讶，心里大概在想：我没有妈妈想的那么好，妈妈却信任我。我要对自己的妹妹更负责，不能辜负妈妈的信任。慢慢地，她便决定用更高的标准要求自己，使自己变得更负责，也更优秀。

所以与其要求老大让着弟弟妹妹，父母不如教会弟弟妹妹如何与强者相处——那就是信任老大，倾听老大的想法。例如周末要去哪里玩，可以鼓励并引导老大作主；爸妈下班回来，先拥抱老大，问问他弟弟妹妹的表现，表扬他把弟弟妹妹照顾得很好。这样一来，不仅没有忽视对老大的爱，还能让老大更加独立自信。对于小的孩子来说，也可以避免孩子形成恃宠而骄的习惯。当然，如果老大的决定仍然有些自私，家长可以偷偷和老大交流，引导他做出公正的裁断。

2.因势利导：在合适的时机增进孩子之间的关系

兄弟姐妹之间血脉相连，本性是想要亲近彼此、接受彼此的，无须家长刻意强调，否则反而容易引起逆反心理。比如姐姐在给妹妹分糖的时候只分了一点，妹妹就哭闹起来，这时候家长先悄悄观察，也许妹妹会想说服姐姐，姐姐会想心疼妹妹，最后姐姐就会决定多分一点，正好让姐妹之间多一份亲近。这些虽然都是假设，但重点在于鼓励家长多给孩子们一点成长的空间，让他们自己去化解矛盾。如果过早介入，可能会加剧双方的矛盾，比如姐姐觉得被妈妈批评了，所以心里会更加怨恨妹妹。

因此，只要孩子之间的矛盾不涉及安全问题，父母尽量不要参与，让孩子自己对话、协调、成长。哪怕孩子们打闹起来，父母也要沉住气不要掺和，以免孩子觉得父母有心偏袒。

若哪个孩子有做得不对的地方，可以事后单独引导，鼓励他自己去承认错误。同时，父母在平时要悄悄地做兄弟姐妹之间关系的润滑剂，比如经常在姐姐面前说妹妹对她的依恋和信赖，在妹妹面前说姐姐对她的关心和照顾，鼓励姐妹俩互相关爱，从而不断培养孩子爱他人、关心他人的美德。

3.创造独处：让每个孩子感受到父母的爱

每周尽可能创造一段和每个孩子单独沟通和相处的时光。比如姐姐喜欢看书，那就花些时间带她去挑选书、讨论书；妹妹喜欢公主故事，那就拿出一点时间，单独陪妹妹看公主题材的电影。

在这段私密时间里，父母可以和孩子默契地共度，也可以借机谈心，及时发现问题并进行调整，消除不必要的误解。父母可以悄悄跟孩子约定，如果发现自己偏心，就直接说出来，爸爸妈妈接受批评。

如果没有这样的时刻，那么孩子可能会把想法闷在心里，委屈、愤怒、嫉妒等情绪就会越积越深。多一些独处时刻的秘密交流，及时关注每个孩子的情绪，并及时疏导，让每个孩子都能感受到来自父母满满的爱。

4.个性教育：因材施教，不在孩子之间做比较

很多时候，表面平等并不意味着合理。就像前文姐姐多拿几个本子，这一行为其实是学龄阶段好学的表现，家长应该视为积极信号；而妹妹依靠妈妈争到多的本子，表面上是为了公平，却让妹妹陷入了无谓的竞争陷阱。仔细想想，其实姐妹都拿均等的本子这一结果并不符合实质平等。当孩子们出现矛盾时，家长应该多去了解每个孩子行为背后的想法，然后结合孩子的个性和能力去引导孩子，因材施教，让孩子更好地成长。

著名女作家冰心分享她引导三个孩子的故事，其教育方法值得所有父母借

鉴。她的大儿子吴平留学经历多，对于择业、交友和爱好都比较开放，于是冰心从未干涉过他的决定；二女儿吴冰是一个老实厚道的孩子，为了增强孩子的信心，冰心总是鼓励她勇往直前，这样才能让她保持自己的好品行；小女儿吴青从小淘气，冰心便鼓励她独立，负责任，不能依赖别人，后来便养成了“他人可为，我为何不可为”的大无畏性格。

三个性格迥异的孩子，最后同样的优秀，这让人不禁佩服冰心的教育方法之妙。从冰心的家教中我们可以看到，教育孩子要因材施教。每个孩子都是不同的个体，在培养好品格的基础上，给予孩子不同的指导，予以宽容、理解、支持与赞美，这才是真正的“一视同仁的爱的教育”。

家长应该鼓励孩子根据自己的个性和能力成为更好的自己。对于表现一般的孩子，父母尽量不要盯着他们的缺点，更不要和其他兄弟姐妹做比较，而要相信孩子的潜能，不断鼓励他们。

文中开头若那对父母懂得这些道理，有意平等对待两个孩子，及时排解老大的负面情绪，也许姐姐就不会那么伤心了。

处理多孩关系

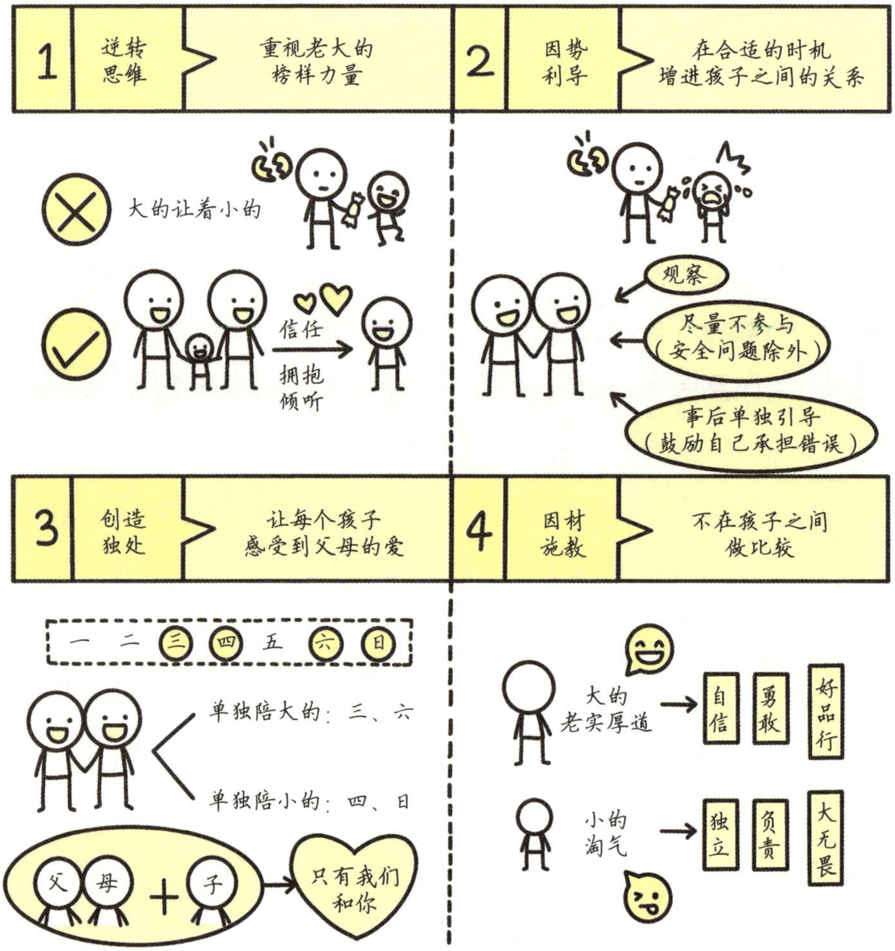

杨洋博士有话说

★ 逆转思维：重视老大的榜样力量

★ 因势利导：在合适的时机增进孩子之间的关系

★ 创造独处：让每个孩子感受到父母的爱

★ 个性教育：因材施教，不在孩子之间做比较

附录

正文中提到了许多有用的资料，这些资料我们都帮大家贴心整理好啦！可以根据自身需要选择使用。

<table>
<tr><th colspan="9">亲密关系、科学婚姻关系修正表</th></tr>
<tr><td colspan="9">1.真诚的风险永远最低，我是一切问题的根源，不管别人怎么对我，我都会真诚待人
2.爱他就用他喜欢的方式，没有性格不合，没有三观不合，只有性格未能调和
3.不应该有对人的害怕，而应该有对事先约定好的规则的敬畏
4.夫妻关系是一切家庭关系的基础，一直要彼此尊重对方
5.暴脾气的背后缺爱，冷漠的背后有大量伤害，不肯改变的背后是情感银行耗空了
6.没有刀子嘴豆腐心，只有刀子嘴刀子心，所有感情破裂都是从刀子嘴开始，不在外人面前说爱人坏话和做比较
7.不在有情绪的时候做决定，不在有情绪的时候说伤人的话；只要和颜悦色，一切皆可谈判
8.谁不舒服谁改变，谁强大谁主动，谁学习谁强大；亲爱的，我认错主要是因为我爱你、我在乎你、我需要你</td></tr>
<tr><th colspan="9">一、性格差异</th></tr>
<tr><td>自己
性格</td><td colspan="4">绿：
红：
蓝：
黄：</td><td>爱人
性格</td><td colspan="3">绿：
红：
蓝：
黄：</td></tr>
<tr><th colspan="9">二、两性关系</th></tr>
<tr><td>喜欢
对方的地方</td><td></td><td></td><td></td><td></td><td></td><td></td><td></td><td></td></tr>
<tr><td>不喜欢
对方的地方</td><td></td><td></td><td></td><td></td><td></td><td></td><td></td><td></td></tr>
<tr><td>我的需要</td><td></td><td></td><td></td><td></td><td></td><td></td><td></td><td></td></tr>
<tr><th colspan="9">三、原生家庭伤害</th></tr>
<tr><td>语言暴力</td><td>声音暴力</td><td>表情暴力</td><td>肢体暴力</td><td>冷漠暴力</td><td>审美暴力</td><td>重男轻女</td><td>道德绑架</td><td>意志控制</td></tr>
<tr><td></td><td></td><td></td><td></td><td></td><td></td><td></td><td></td><td></td></tr>
<tr><th colspan="9">四、翻旧账（跨不过的伤害）</th></tr>
<tr><td></td><td></td><td></td><td></td><td></td><td></td><td></td><td></td><td></td></tr>
<tr><th colspan="9">五、幸福的约定</th></tr>
<tr><td>爱</td><td></td><td></td><td></td><td></td><td></td><td></td><td></td><td></td></tr>
<tr><td>规则</td><td></td><td></td><td></td><td></td><td></td><td></td><td></td><td></td></tr>
<tr><td colspan="9">请在亲密关系专业第三方的帮助下，用1～2小时共同协商解决</td></tr>
</table>

男女两性差异表

	生理表现	行为表现	注意事项
大脑差异	女性的额叶皮层和边缘系统更大（负责专注、判断、组织、计划、控制冲动和产生共情等）	女性较少冲动，比男性更在意情绪，直觉、合作、自控，共情能力更强	接纳女性情绪，发挥女性统筹优势
	女性的海马体比男性大（大脑中重要的记忆中枢之一）	女性更能记住细节，她在记忆时画面感很强，除此之外，她的语言文字处理能力也很强	不要轻易承诺女性，一旦承诺便努力达成；女性绘声绘色描述内容时，及时回应她
	男性具有更大的杏仁核（大脑中加工恐惧和愤怒的脑区）	男性易怒。在遇到危机时容易非常惊恐或勃然大怒	男女争吵时，女性先走开
	男性具有较大的顶叶（与空间感有关）	男人方向感更强。擅长判断距离，能够把车顺利地停到车位里	分工合作。互相尊重，不指责，一致性表达
	男性的下丘脑比较大（与性行为有关）	男性对性的兴趣更大	满足男人的性需求
	男性的灰质（负责深度思考）是女性的6.5倍，女性的白质（负责信息连接）是男性的10倍	女性直觉更强。男性更擅长对信息进行局部化加工，女性能够注意到更多非语言线索，预感更强。女性更擅长辨别情绪、识别面部差异	尊重差异，合理分工，提高合作性
	女性的前额叶更大，共情力比男性高	女人感性，男人理性。女性渴望搞清楚另一个人在想什么，有怎样的感受，从而做出适当的回应。男性善于依靠系统化思维来搞清楚事情的运作方式，倾向于找出背后的规则	帮助女性控制情绪。避免共情过度变得焦虑或抑郁；给男性更多的激励去激起共情力
	女性前扣带回比男性更活跃（帮助变换注意力、觉察到错误的脑区）	女性常常自寻烦恼。容易陷入消极思维或消极行为，倾向于查看哪里出错了，而不是哪里做对了	学会倾听和安抚女性

续表

男女两性差异表			
生理表现		行为表现	注意事项
激素差异	女性的雌性激素会使女性把注意力集中在情绪和沟通上；男性的睾酮素会使男性不爱说话，专注在竞争上	女性喜欢表达，男性习惯竞争	互相理解，共同约定沟通条约
	男性产生的5-羟色胺比女性多52%（最具镇静作用的神经递质，它与情绪、睡眠、疼痛和食欲有关）	女性容易焦虑，男性容易乐观	要多理解、接纳、支持女性

亲密关系、幸福婚姻条约		
模块	关键条约	条约细则与惩罚
1.忠诚	暧昧边界	
	出轨边界	
2.性生活	频率	
	技巧	
	禁忌	
3.婆媳和原生家庭	对待彼此家人的边界	
	父母与子女权利边界	
4.财务	赚钱方面的约定	
	财务管理的约定	
	花钱方面的约定	
5.家务	家务标准/频率	
	项目分工/要求	
6.生活习惯	穿着	
	饮食	
	起居	
	出行	
	卫生	
	健康	
7.沟通与冲突	沟通禁忌约定	
	日常沟通标准/要求	
	冲突处理方式	
8.孩子教育	教育目标/标准/理念	
	教育分工	

日常生活时间安排表

周一到周五

时间	事件	注意事项	计时（分钟）	完成情况
下午4:20～4:30	到家吃适量零食、喝奶	餐前要洗手	10	
下午4:30～5:30	做老师布置的家庭作业	1. 做作业前先回顾当天课程，消化学习的内容并巩固记忆	60	
		2. 认真结合课本知识做作业，边学边记。如果已完全掌握，可以快速做完		
		3.检查改正错题		
		4.要背的课文先读3遍		
		5.预习课文(读2～3遍)		
下午5:30～6:00	玩或看电视	尽量多看新闻类节目	30	
下午6:00～6:30	吃晚饭	1.饭前要洗手，吃饭不挑食	30	
		2.早吃完早去玩		
		3.正式吃饭时间为20分钟，吃完去玩		
晚上6:30～7:00	练习钢琴	注意指法、节奏	30	
晚上7:00～7:30	看新闻联播或自由活动		30	

续表

日常生活时间安排表				
周一到周五				
时间	事件	注意事项	计时（分钟）	完成情况
晚上7:30～8:30	做没做完的家庭作业	家庭作业（预习课文/更改错题/英语预习或背诵）	60	
	做课外作业	完成“三一外语”上的作业		
	做课外作业	课外作业（奥数）		
	周三晚做“三一外语”作业、周四晚做奥数			
	准备明天上学的文具	爸妈签字		
晚上8:30～9:00	自由活动、洗漱	刷牙洗脸洗脚	30	
晚上9:00～9:30	看书		30	
晚上9:30	睡觉			

说明:A)下午5:30之前不能看电视，否则取消晚上的看电视时间。
B)提高效率，将有更多的时间娱乐。
C)周二下午放学上钢琴课。
D)周五可以在晚上10:30前睡觉。

续表

日常生活时间安排表				
周六				
时间	事件	注意事项	计时（分钟）	完成情况
上午7:20之前	起床、洗漱、吃早餐	饭前要洗手	-	
上午8:00～10:00	上奥数课	上课认真听讲，跟随老师的思路做好笔记。不做小动作，不和同学打闹	120	
上午10:30~11:30 (中途可休息10分钟)	做周末的家庭作业	书写要认真，自己检查作业	60	
上午11:30~12:00	自由活动		30	
中午12:00~1:00	午饭时间	饭前要洗手，不挑食	60	
下午1:30~2:20	午睡、自由活动、看书	如不午睡，则看书30分钟	50	
下午2:30~3:30	书法课		60	
下午3:30~6:00	做没做完的家庭作业	周末作业要全部做完，如做完可自由活动或看书，爸妈检查签字	150	
下午6:00~7:00	晚饭时间		60	
晚上7:00~9:00	自由活动		120	
晚上9:00~10:00	洗漱、看书	刷牙、洗脸、洗脚	60	
晚上10:00	睡觉			

续表

日常生活时间安排表				
周日				
时间	事件	注意事项	计时（分钟）	完成情况
上午7:50之前	起床、洗漱、吃早餐	饭前要洗手	-	
上午8:00~9:30	预习“三一外语”	会写上周所学的单词和音标，会背课文，预习下次上课内容	90	
上午10:00~12:00	“三一外语”学习	上课认真听讲，跟随老师的思路做好笔记。不做小动作，不和同学打闹	120	
中午12:30~13:30	午饭时间	饭前要洗手	60	
下午1:30~3:30	午睡、自由活动、看书	如不午睡，则看书30分钟	120	
下午4:00~6:00	奥数	上课认真听讲，跟随老师的思路做好笔记。不做小动作，不和同学打闹	120	
下午6:00~7:00	晚饭时间		60	
晚上7:00~9:00	自由活动		120	
晚上9:00~10:00	洗漱、看书	刷牙、洗脸、洗脚	60	
晚上10:00	睡觉			
说明：A)提高效率，将有更多的时间娱乐。 B)周五周六可以在晚上10：30前睡觉，但星期日晚上要在10点之前睡觉。				

美国适龄儿童家务单

幼童（2–3岁）	学龄前儿童（4–5岁）	小学初期（6–8岁）	小学（9–11岁）	中学（12–14岁）
· 捡玩具/收拾玩具 · 从洗碗机取出清洗干净的餐具（银质餐具、塑料杯、特百惠等） · 用鸡毛掸子或抹布清理尘土 · 拖地 · 把脏衣服放入脏衣篮 · 收集脏衣服 · 帮忙把衣服从洗衣机放入烘干机 · 收衣服 · 整理床铺 · 擦柜子 · 擦踢脚板（用肥皂水）	· 左侧任意一种家务 · 把餐具放入洗碗机 · 用吸尘器清理沙发/椅子/垫子 · 辨认并挑拣出可回收垃圾 · 摆放餐具 · 清理桌子 · 清洗餐具（需要监督） · 擦窗户 · 清洗洗手间的水槽 · 配对袜子 · 叠擦碗布 · 除草 · 给室内的花浇水 · 喂宠物	· 左侧任意一种家务 · 准备饭菜（洗菜、搭配作料、简单切菜） · 擦洗手间的水槽、台面、马桶 · 晾衣服 · 扫地 · 使用吸尘器 · 收垃圾 · 收邮件 · 叠衣服 · 清洁微波炉 · 扫落叶	· 左侧任意一种家务 · 做简单的饭菜 · 把垃圾和可回收垃圾放入垃圾桶 · 洗衣服/烘干衣服 · 清理洗手间 · 拖地	· 左侧任意一种家务 · 清洁浴缸/淋浴间 · 制作三餐 / 饮食计划 · 清理冰箱 / 冰柜 · 修剪院子里的草坪 · 监督弟弟妹妹做家务

注：请根据您孩子的具体能力和发育水平来分配家务。以上清单罗列了每个年龄段中多数孩子可能胜任的一些家务，您可以从中选择部分适合您孩子的家务来进行分配。

儿童生活习惯以及课堂学校习惯

课堂习惯	上课遵守纪律，姿势端正，不做其他小动作
	认真听讲，眼睛看黑板，注意力要集中，不与其他人讲话或争吵
	积极举手回答老师的问题，且要声音响亮
	如果老师有布置课堂内完成的作业，一定要快速完成
	课间不追逐打闹，做一些有益的游戏或适量的运动
	放学前按照老师的要求进出教室，不要私自离开
生活习惯	6:30～7:40起床：9件事 1.穿衣 2.大小便 3.刷牙 4.洗脸 5.喝水 6.锻炼身体 7.吃早饭 8.梳头 9.听英语
	7:40～7:50准备上学：3件事 1. 准备书包及学习资料 2. 整理个人着装 3. 高高兴兴上学（接送路上可以谈心或背诵数学口诀等）
	16:30（17:10）放学回家：3件事 路上主要讲述：1.当天上课内容 2.学校发生的事情 3.个人表现情况（路上10～15分钟）
	18:20～18:50吃饭
	18:50～19:40休息
	19:40～20:30为第二天上课做准备：2件事 1. 准备书本及文具 2. 按计划学习（英语、数学、美术、音乐、背诗、讲故事或十万个为什么、练字等都可以）
	20:40～20:50洗澡
	20:50～21:00准时上床睡觉
作业习惯	保持簿本的清洁、整齐
	书面作业字迹端正，字大小要适中
	每天按时、按量完成老师布置的所有作业，包括口头作业
	如果作业有错误，要及时订正
	每天回家先做作业，再吃晚饭，最后玩耍